PREMIERES POESIES.

DU MEMJ AUTEUR,

POUR PARAIIRE PROCHAINEMENI.

———

SEID. — (Les trois premiers Chants.)

WILHELM DE STRAILY

FAUST.

LA TENFATION SUR LA MONTAGNE.

— —— — —

Lyon. — Imprimerie de Louis Perrin.

AUGUSTE VILLIERS DE L'ISLE-ADAM.

PREMIERES POESIES.

1856-1858.

FANTAISIES NOCTURNES.
HERMOSA.
LES PRELUDES.
CHANT DU CALVAIRE.

LYON

CHEZ N. SCHEURING ET Cⁱᵉ, LIBRAIRES,

Rue Boissac, 9

M D C C C L X

Tout s'est éteint. Voici l'aurore
Des jours de paix et de clarté.
Tu te sens immortelle, encore,
O Patrie, en ta majesté!

—

Lève tes paupières sacrées!
L'étranger regarde tes pleurs,
O reine des riches contrées
Où les blés sont mêlés de fleurs!

—

Tes ruches sont pleines d'abeilles!
Le soleil, ton roi souriant,
Gonfle sur les hauteurs vermeilles
Les vignes de ton orient!

—

Les oiseaux de tes grands bois sombres
Reconstruisent leurs nids charmants:
Voile jeté sur les décombres
La mousse accueille les amants.

Soleils ternes des jours de haine
Effacez vous du souvenir;
Astres de deuil, l'aube est prochaine!
France, il te reste l'avenir.

—

Celui qui doute et désespère
Est pareil aux enfants ingrats.
Au moment auguste et prospère,
France, tu le reconnaîtras!

—

Maudits ceux qui dans leur chimère
S'exilent d'un pas diligent
Répudiant leur vieille mère
Par ce qu'elle n'a plus d'argent!

—

L'Histoire illuminant le crime
A déjà rendu son arrêt,
Vois sur ton horizon sublime
Ta vieille étoile reparaît!

—

Tandis qu'on croit que tu déclines
Pauvre à force de trahisons
Déjà se couvrent tes collines
~~Des vallées...~~
D'herbe, de fruit et de toisons!

Ton sol ~~est reste~~ le plus fertile!
Tes ~~bois sont pleins d'ombre et d'oiseaux!~~
A déjà comblé ~~les vœux!~~
~~Ll'~~Océan porte
~~... partout~~ d'île en île
~~Les richesses de~~
~~le commerce...~~ ~~tes vaisseaux!~~

A MONSIEUR LE COMTE

ALFRED DE VIGNY,

DE L'ACADÉMIE FRANÇAISE.

Hommage de l'Auteur.

FANTAISIES NOCTURNES.

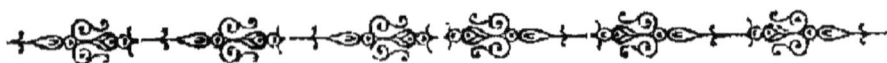

I.

BARCAROLLE.

« Cœlumque tueri
« Jussit »

OVIDE.

I

DANS le golfe aux flots bleus se mirent les étoiles.
Le vent, qui souffle auprès des citronniers en fleurs,
Nous apporte, en faisant trembler nos blanches voiles,
   Les barcarolles des pêcheurs.

J'aime les chants lointains de leur voix fugitive !
Ils passent, un moment, sur le vent qui s'enfuit,
Imprégnés des parfums de la plage plaintive,
      Puis... ils s'éteignent dans la nuit.

Car elle vient, la nuit mélancolique et sombre.
Avec tout son silence et toutes ses beautés.
Le ciel s'est diapré de ses fleurs d'or sans nombre
        Dont la mer baigne les clartés;

Et l'écume d'argent des vagues solitaires
Ondule aux profondeurs de l'immense horizon,
Et berce notre esquif, dont les courbes légères
        Semblent être d'un alcyon.

Ineffable moment d'extase et d'harmonie,
Où l'âme humaine espère une immortalité,
Où l'amour peut venir enfanter le génie
        Dans un songe de volupté!

II

« Allons!... chante, ô poëte!... avant que les années
« Que le passé va prendre et qu'un Dieu t'a données,
« Sous leur manteau funèbre aient glacé ton essor;
« Puisque de la douleur tes romances sont nées,
        « Puisque tu peux chanter encor!...

« Mais, si tu sens pleurer ton cœur sous ton sourire,
« Oh! puissent se briser les cordes de ta lyre,
« Et ton chant se mêler aux chants des matelots!...
« — Souffre seul!... — Et, tout bas si ton âme soupire,
        « Livre sa plainte aux bruits des flots! . »

III

Et pourtant nous avons, frères, dans cette vie,
D'indicibles instants pleins de mélancolie,
      Où l'homme, consolé,
En contemplant les cieux dans leurs ombres splendides,
Leur jette avec amour, les paupières humides,
      Un regard d'exilé!

Amis!... rêvons alors, oh! rêvons en silence,
Le cœur demi-noyé d'amour et d'espérance!..
      --- Cela dure si peu!
Quand la réalité soulèvera son voile...
Eh bien!... le songe ira là-bas, dans une étoile ..
      Et nous dirons : « Adieu! »

IV.

Rêvons! les flots d'argent s'étendent, solitaires!
Leurs cimes vont briller au fond de l'horizon...
Et notre esquif, bercé par les vagues légères,
      Flotte au loin, comme un alcyon.

Golfe de Gênes, mars 185..

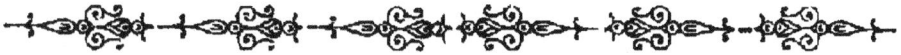

II.

CHANSON ARABE.

TEL que sur la plaine flétrie
« Court l'ardent simoun en furie,
« Vole!... et fais luire, ô mon coursier,
    « Tes pieds d'acier!
« Sur un nuage d'étincelles,
« Mon bon cheval noir a des ailes!
« Son œil de feu passe dans l'air
        « Comme un éclair!

« Parmi les sultanes sans nombres,
« Dans son harem aux dômes sombres,
« Las de bonheurs, le vieil émir
  « Va s'endormir!
« Elle m'attend, sa jeune esclave!
« — Le cimeterre que je brave
« Veille en silence, et sait ramper
  « Pour mieux frapper. —

« Oh!... par Caâbbha la maudite!...
« Allons, mon cheval, cours plus vite!...
« Tu vas baigner près du sérail
  « Ton noir poitrail!...
« Ami, le sable est creux, peut-être,
« La nuit, obscure, et l'ombre, traître!...
« — Mais les djinns gardent les amours
  « Des giaours!

« Va! nous passerons, à l'aurore,
« Devant le minaret sonore,
« Narguant ses derviches hideux
  « Toujours tous deux.
« — Ou, si le khandjar de l'eunuque
« Ce soir me tombe sur la nuque,
« Ton âme, au paradis d'Allah,
  « Me rejoindra!... »

III.

—

UNE BOUTEILLE DE VIN D'ESPAGNE.

« Ami j'y vois beaucoup de choses ! »

V A, ce flacon vivait ! — Un sylphe, aux ailes roses,
Autrefois échappé d'un rayon de soleil,
Souriait aux amours, dans ce cachot vermeil !
La liqueur pétillait de gaîté ! — Le teint blême
Du bouchon, ce geôlier, se colorait lui-même
A son babil léger ! — C'était un bras divin
Qui nous versait la joie en nous versant le vin !

Maintenant que, par nous brisée et toute bue,
Cette bouteille est là, sur la table, étendue,
Le sylphe, s'envolant comme un gai papillon,
Est retourné là-haut, dans son premier rayon,
Pour apporter encore, à l'aurore prochaine,
Des sourires nouveaux à la misère humaine!

IV.

EXIL

STANCES

———

I.

ELLE-LA, — disait-il, — c'est la fille des plages
Où le pâle Océan cambre ses flancs sauvages ;
Où, la nuit, les rochers, ces lourds piliers des mers,
Guettent les matelots en proie au ciel qui gronde ;
Où, pour les bâtiments, au large, errants sur l'onde,
Le vent creuse un tombeau dans les sillons amers !

II

Celle-ci, dont le front, ineffable prestige,
Plie aux souffles du soir comme un lys sur sa tige,
C'est l'enfant des pays où les palétuviers
Bordent les oasis des lointaines savanes :
Où, sous l'ombrage, on voit briller dans les lianes,
Comme un prisme vermeil, l'aile d'or des pluviers !

III

L'une, c'est d'Ischia la baigneuse folâtre
Qui caresse le gouffre avec ses bras d'albâtre,
Et sourit à travers ses cheveux ruisselants,
Lorsque le flot houleux, dont l'écume déferle,
Joue avec son beau corps, puis, ainsi qu'une perle,
La roule sur le sable et meurt à ses pieds blancs !

IV.

L'autre, c'est une fleur de ces molles Antilles
Où, quand le clair de lune argente les charmilles,
Le mulâtre crépu tend le hamac des nuits ;
Et que la nuit du Sud, aux énervants délires,
Dans un baiser muet croisant leurs deux sourires,
Semble imprégner d'amour les airs attiédis !

V

Hélas! quand, dans Paris, la vivante fournaise,
Moi, le fils de l'exil, je pense à la falaise
Où se mêle une voix de vierge aux voix des flots,
Quand je songe aux forêts où va rêver ton âme
Sous les longs ébéniers, créole aux yeux de flamme! .
— Ah! mon cœur solitaire étouffe des sanglots. —

VI.

— O mes anciens amours, Antilles diaprées,
Et vous, rochers de l'île aux cimes empourprées,
Vous, que j'aime toujours, pourquoi vous ai-je fui?
Parmi tous ces humains, perdu, comme un atôme,
Je venais pour chercher la gloire, vain fantôme!..
Vaut-elle bien la paix que je cherche aujourd'hui?

VII

Ici règne l'Ennui suprême qui dévore,
Ici l'on n'entend pas les hymnes de l'aurore,
Ici l'on a perdu le délire sacré,
L'enthousiasme saint qui fait les grandes choses
Et la fumée, au loin, a desséché les roses,
Les roses qui s'ouvraient sous le ciel azuré!

VIII.

Ici le fourneau gronde, et l'usine fermente,
La houille en fusion bout dans sa lave ardente,
Car on veut accorder les peuples d'ici-bas
Dans leur sombre unité. — les marteaux, sur l'enclume,
Retombent; sur les rails, la vapeur siffle et fume
Pour marcher vers un but auquel on ne croit pas. —

IX

Ici l'on rit des dieux paisibles de nos pères!
Ici sont les enfants qui font pleurer leurs mères.
L'innocence a quitté ce lieu d'anges déchus
Les lys immaculés tombent sous les faucilles
Ici tout est flétri d'avance, ô jeunes filles!...
Ici l'on est maudit!... Ici l'on n'aime plus. —

X.

Oh! quand pourrai-je voir cette grève, où, naguère,
Des poissons argentés l'écaille de lumière
Scintillait sur le sable..., — et ce pays vermeil
Où chantent les oiseaux. — où le tigre des jungles
Sous les bambous rougis, dort, en rentrant ses ongles
Dans sa patte lascive étendue au soleil!

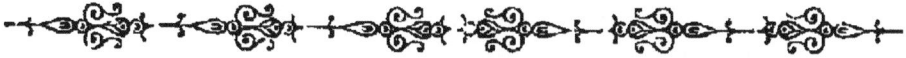

V.

PRIERE INDIENNE

« L'horrible est beau' »
SHAKESPEARE, *Macbeth*

GENOUX, le brahmane
Dit, en courbant le crâne
Près du fétiche noir ·
« Grave témoin du monde,
« Brahmah, fais que je sonde
« Les oracles du soir.

« Fais que ma course sainte
« Ne trouve pas l'empreinte
« De Sivah, dieu fatal ;
« Ni, devant ton silence,
« La puissante alliance
« Du bien avec le mal

« Ni, sur le roc sauvage,
« Le fils de l'esclavage,
« Le paria tremblant ;
« Ni, sur sa hutte impure,
« Comme un hideux augure,
« Le Vampire sanglant ,

« Ni la funèbre joie
« Du Thôgh, guettant sa proie
« Pour l'étrangler sans bruit,
« Et puis, sous les lianes,
« Comme un djinn des savanes,
« Plongeant son front maudit ,

« Ni, dans ce bois où j'entre,
« Enroulant son long ventre
« Jusqu'au haut des palmiers,
« Le serpent vert et chauve
« Dardant sa langue fauve
« Sur le nid des ramiers ! »

VI.

GUITARE

‹ Cadix ›

I

VOICI l'heure des sérénades
Où brille, loin des colonnades,
Au cristal du fleuve changeant,
L'astre d'argent :
L'Espagne, dans ces nuits divines,
N'écoute plus les mandolines ;
Bien de beaux yeux vont se fermer !..
— Il faut aimer.

II.

Demain, tu pourras, jeune fille,
Danser ta folle séguidille
Et mettre des fleurs, si tu veux,
    Dans tes cheveux. .
Mais, ce soir, puisque la gitane
Suspend sa guitare au platane,
Laissons là nos résilles d'or. .
    — Aimons encor!

III

Les vents, qui sur les ondes passent
Aux ombres de ceux qui s'enlacent
Mêlent les feuillages légers
    Des orangers...
Si, près du fleuve monotone,
Ils doivent faner, à l'automne,
Les orangers et les amours,
    — Aimons toujours!

VII.

CHANSON.

« FAUST — Elle sort de l'église, dans une attitude décente et recueillie. Ses yeux sont humides. Regarde ! c'est un ange, elle a l'air de sortir de chez elle !

« MÉPHISTOPHÉLÈS. — Aujourd'hui l'autel sombre, demain le couvent. Si tu lui parlais bas, à l'oreille ?

« FAUST — Que lui dire, puisque je l'aime ?

« MÉPHISTOPHÉLÈS. — Deux mots je te soufflerai ! »

(Le FAUST de l'Auteur)

FAUST.

COMME un bluet qu'on aurait mis
« Dans la corolle d'un beau lys,
       « Oh ! sous ta paupière
    « Ton œil bleu luit timidement.
« Et c'est un bien pur diamant
       « Pour un cloître austère !

« N'es-tu pas toute jeune encor,
« Et des amours la coupe d'or
    « Est-elle épuisée ?
« Sèche tes pleurs avec des fleurs,
« Enfant, les fleurs prendront tes pleurs
    « Pour de la rosée ! »

VIII.

ZAIRA.

« — D'où vient que vous aimez de la sorte ? »
demanda encore Sahid — « Nos femmes sont
« belles, et nos jeunes gens sont chastes, » ré
pondit l'Arabe de la tribu d'Azra

CEN-ABI-HADLAH, *manuscrits 1461-1462,
Bibliothèque royale*

LE couchant s'éteignait voilé, —
Un air tiède, comme une haleine,
Sous le crépuscule étoilé
Flottait mollement sur la plaine —

L Arabe amenait ses coursiers
Devant ses tentes entr'ouvertes.
— Les platanes et les palmiers
Froissaient leurs longues feuilles vertes —

Son menton bruni dans la main,
Toute amoureusement penchée,
Sa jeune fille, un peu plus loin,
Sur une natte était couchée. —

Ses yeux noirs, chargés de langueur,
De leurs cils ombraient son visage ·
— Devant elle, le voyageur
Arrêta son cheval sauvage :

Et, se courbant soudain, il dit :
« Allah ! comme vous êtes belle !
« Veux-tu fuir ce désert maudit ?
« Je t'aime, et te serai fidèle. » —

L'enfant le regarda longtemps,
Et, se soulevant avec peine
« Tu n'es pas celui que j'attends
« O voyageur au front d'ébène !

« Un autre a déjà mon amour,
« Et mon amour, c'est tout mon être.
« J'attends ici le giaour
« Qui reviendra, ce soir, peut-être !

« Mais... ce collier d'ambre, veux-tu ?
« Tiens ! prends ! et qu'Allah te conduise ! »
— La main sombre de l'inconnu
Tourmentait sa dague, indécise. —

« O perle du désert! dis-moi :
« Si le giaour infidèle
« Ne s'en revenait plus vers toi ? »
— « Je te comprends bien, » lui dit-elle :

« Mais, je m'appelle Zaïra.
« Va, mon cœur l'aimerait quand même :
« Je suis de la tribu d'Azra,
« Chez nous on meurt lorsque l'on aime! »

FIN DES FANTAISIES NOCTURNES

HERMOSA

POÈME,

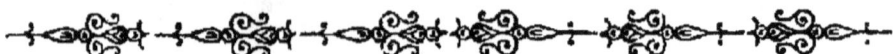

CHANT PREMIER

DON JUAN

I

L E palais, ce soir-là, brillait sous ses arcades ;
Depuis ses escaliers jusqu'à ses balustrades
Les murs en marbre blanc de pourpre étaient bordés.
Le comte Antonio dépensait sa jeunesse
Aux bruits de l'or, aux chants d'amour, aux cris d'ivresse,
Aux chocs des coupes et des dés !

3

II.

L'orchestre, sur les flots, glissant, dans les gondoles,
Mêlait, tout baigné d'ombre, aux voix des barcarolles
Ses trésors d'harmonie aux charmantes splendeurs.
Par les vitraux, ouverts aux frais souffles des brises,
On voyait tournoyer des formes indécises,
      Bouquets de femmes et de fleurs !

III.

La salle étincelait de feux et de parures ;
Les roses étoilaient les noires chevelures ;
Les glaces flamboyaient aux merveilles du bal ,
La volupté fermait à demi les paupières ;
Les couples enlacés valsaient, sous les lumières
      Des lustres d'or et de cristal.

IV.

La valse a ses plaisirs, — surtout en Italie,
Pays de Raphaël, où la Mélancolie
Sous les myrtes promène une ardente langueur,
Où l'on dit que la vierge, en proie aux vagues fièvres,
Ouvre à son jeune amant, quand s'unissent leurs lèvres,
      L'écrin parfumé de son cœur.

V.

L'amour, c'eſt l'auréole au front d'or de ces fêtes.
Les femmes de Venise ont leurs danses muettes,
Elles y parlent peu : — mais leurs yeux sont si doux !
Mais les plis de corail de leur divin sourire
De perles émaillés semblent si bien vous dire.
    « Je sais ce qui se passe en vous ! »

VI.

O Muse ! un de nos soirs, le cœur plein de jeunesse,
Je veux en Italie amener ma maîtresse !...
Nous aimons, tous les deux, les plaisirs passagers,
Et nous nous mêlerons aux valses de Venise,
Sous les dômes de fleurs neigeuses, que la brise
    Laisse aux feuilles des orangers

VII.

Ou, peut-être, y viendrai-je, — ô barques intrépides ! —
Y chercher, quelque jour, sur les vagues rapides,
Une mort de soldat digne de ma fierté !
— Race humaine ! Byron te savait bien ingrate...
Il n'en a pas moins su tomber en Spartiate
    Sur la terre de liberté.

VIII.

Oui, puissé-je expirer ainsi ! — Non pour la gloire...,
A quoi bon ? — Seulement, il serait doux de croire
Qu'une enfant d'Italie, au rire gracieux,
Quand j'aurai le drap noir au front, aux pieds le cierge.
Vînt mettre, en souriant, sa couronne de vierge
      Auprès du nom de mes aïeux !

IX.

Je ne ferais cela que par insouciance :
Rire, chanter, dormir ; — c'est ennuyeux, la France !
Et l'homme qui s'ennuie est capable de tout.
Puis, je n'aime pas ceux qui disent: « O folie
« Qu'une grande action aux dépens de la vie !
      « L'oubli railleur se tient au bout ! »

X.

Au bout de quoi, messieurs ? Estimez-vous qu'en somme
Il ne vaille pas mieux être purement homme,
C'est à dire aimer, vivre et mourir noblement,
Sans vouloir creuser trop les choses de ce monde,
Que de bâiller toujours quelque phrase inféconde ?
      Pour moi, voilà mon sentiment.

XI.

Dans son orgueil sacré lorsqu'un homme succombe,
Qu'importent le néant et l'oubli d'une tombe ?
Il sut vivre et mourir dans ses larges dédains ·
Que lui font les discours murmurés sur sa bière ?
Grave, il repose là, drapé dans son suaire,
      Sourd aux cris vagues des humains

XII.

Mais celui qui ne sait que manger et que boire,
Dont l'impuissant dégoût bave sur toute gloire.
Qui chaque nuit trafique un stupide baiser.
Et qui vient nier Dieu, gloire, amour, fleurs de l'âme!
A mes yeux, celui-là n'est qu'un bélître infâme.
      Tant à plaindre qu'à mépriser.

XIII.

Si c'est rire de tout, que la philosophie,
Adieu Kant & Schelling! J'aime mieux voir la vie
Ou la mort, mais d'après leurs côtés les plus beaux,
Et j'admire un héros par pur matérialisme,
Sans restreindre le but avec trop de cynisme.
      Car il est beau d'être un héros!

XIV.

Vous allez, je sais bien, me dire que l'aurore
N'est qu'une *vapeur* bleue ou rose, et qu'on n'ignore
Aucun des *éléments* portant des noms en *um*
Qui composent un *lys;* que l'amour n'est de mode
Que dans monsieur *Dorat* ou tout autre rapsode;
    Qu'il fait très bien dans un album ;

XV

Et cætera... — D'accord. Mais, après tout, l'aurore
N'en est pas moins sublime, et les fleurs qu'elle dore
Restent belles toujours, dans leur parfum charmant!
C'est très joli, les noms en *um!* — Moi, je préfère...
— Bon ! le premier bluet venu... (mais, sans trop faire
    D'ingénuités, cependant). —

XVI.

Quant à l'amour sceptique... — O Stendhal ! tout le monde
A-t-il bien dit son mot sur ta page profonde,
Bien posé, bien conclu, bien disputé, mon Dieu?...
Moi, n'ayant rien posé, je ne veux rien conclure :
Seulement, ma maîtresse est belle, — et la nature
    A toujours un coin de ciel bleu.

XVII.

Voilà deux ans passés, je n'étais pas de même.
— Mais, il faut bien finir par se faire un système,
Ou tout devient un gouffre où notre œil s'obscurcit. .
Bref, — et notre Hermosa? — Quel prélude bizarre!.
Ça, ma coupe de vin de Chypre, mon cigare,
      — Et reprenons notre récit.

XVIII.

Je vous avais laissé, je crois, au bal du comte
Antonio, de nuit, quand l'essaim joyeux monte
Les marches du palais... — Derrière le camail
Souriaient, entrevus, les profils de madone,
Comme des idéals vivants du Giorgione
      Sortis de leurs cadres d'émail.

XIX.

Mille gerbes de feux, du haut des dalles brunes,
Pailletaient de rubis l'eau claire des lagunes;
— O golfes d'Orient! — Echappés du festin,
Les masques, pêle mêle, accouraient; les almées
Froissaient sous leurs doigts nus les gazes parfumées
      De leurs écharpes de satin.

XX.

La salle étincelait de fleurs et de parures.
Les roses étoilaient les noires chevelures;
Les glaces flamboyaient aux merveilles du bal
La volupté fermait à demi les paupières ;
Les couples enlacés valsaient, sous les lumières
      Des lustres d'or et de cristal !

XXI.

Sur un socle de bronze, au fond du péristyle,
Une femme, debout, se dressait... immobile.
A ses pieds tournoyaient les vivants radieux.
Accoudée au chambranle auprès de la pénombre,
Dans un profond regard elle unissait, dans l'ombre,
      Les feux du bal, la nuit des cieux.

XXII.

Oh ! cette femme était sidéralement belle !
Son bras, qu'eût modelé Phidias ou Praxitèle
Soutenait son visage aux traits marmoréens,
Les ténèbres ornaient sa pâleur épuisée :
Elle semblait, perdue ainsi dans sa pensée,
      L'ange nocturne des humains.

XXIII.

Ses lourds cheveux brillants sous leur torsade noire
Encadraient la blancheur de ses tempes d'ivoire;
Son front des nuits d'amour semblait garder les plis
Ciselé dans l'albâtre, ombré de cornaline,
Son nez droit nuançait une courbe aquiline,
     Pareil à deux feuilles de lys.

XXIV

Des flots de velours noir se drapaient autour d'elle
Et les puissantes chairs de sa gorge rebelle
Accusaient durement leurs formes, par soupirs,
Lorsqu'elles soulevaient sa toge, retenue,
Sur le galbe nacré de son épaule nue,
     Par une agrafe de saphirs

XXV.

Elle était là, comme un fantôme de la Vie
Au sein des tourbillons de la fête ravie
Son regard se plongeait, plein d'éblouissements,
Signe idéal, sacrant sa beauté souveraine,
Tremblait, dans les reflets de ses cheveux d'ébène,
     Une étoile de diamants.

XXVI.

Cependant, on eût dit qu'un rêve au vol splendide
L'enveloppait... Aux pieds de la cariatide
Le fracas du plaisir tombait, comme un affront .
On eût dit que, fixant les replis de son âme,
L'Esprit muet des soirs, planant sur cette femme,
      Battait des ailes sur son front.

XXVII.

— Sors du passé terrible, ô statue enchantée !
Veux-tu de l'existence? Ainsi que Prométhée
Je puis te la donner, avec ses désespoirs.
Mais, tu vis comme nous, car je vois, sous les franges
De tes longs cils de jais, ces deux larmes étranges
      Vitrer l'éclat de tes yeux noirs.

XXVIII.

Salut, ô toi que j'aime, ô fille de l'Espagne,
O fille du brigand ! Couché dans sa montagne
Et dans sa liberté, ton père n'est pas seul :
Sa carabine est là, lourde, et d'un bon calibre,
Qui veille à ses côtés ! Ce fut un homme libre
      Il dort dans son libre linceul.

XXIX.

On n'en parlera plus. L'oubli, second suaire
Des livides captifs du cercueil solitaire,
Depuis longtemps déjà pèse sur le bandit;
Les ronces, sur sa croix en ruines, serpentent.
Qu'importent aux vivants qui boivent et qui chantent,
        Ceux qui sont allés dans la nuit !

XXX.

Ah ! lorsque, sous les pins déchirés par l'orage,
Le soir, il était roi; dans sa sierra sauvage,
Quand il guettait leurs pas, sans trève, sans repos,
Et que, dans les sentiers pleins d'embûches funèbres
Son coup de feu connu sonnant dans les ténèbres,
        Bondissait d'échos en échos ;

XXXI

Certe, on se rappelait! Maintenant? — ô misère ! —
S'il eût été César, ce reste de poussière,
De quoi pourrait servir à son crâne maudit
D'avoir ceint, sur le trône, un large diadème?
Au fond, partout, la mort est à peu près la même,
        Pour le héros et le bandit.

XXXII.

Jeunes gens qui valsez aux pieds de cette femme,
Prenez garde de voir les gouffres de son âme !
Valsez, valsez toujours ! ne la regardez pas...
Il semble, tant elle est au dessus de ce monde,
Qu'elle écoute, au milieu d'une extase profonde,
    Le bruit sourd des chars du trépas !

XXXIII.

Autrefois... — mais combien elles sont éloignées
De son cœur plein d'oubli, ces rapides années ! —
Autrefois, elle était l'enfant aux traits pâlis
Qui vivait au soleil. Elle fut l'humble égide
De bien des voyageurs, qui la prirent pour guide
    A travers les sombres taillis !

XXXIV

Le jour, elle courait, vision des Espagnes,
Sur la mousse des bois, par les vertes campagnes,
Et, sur le flanc des monts, loin des troupeaux errants,
Elle s'asseyait, seule, auprès des vieux abîmes,
Et, rêveuse, elle aimait cueillir ces fleurs sublimes
    Qui naissent aux bords des torrents.

XXXV.

Le soir, elle quittait la plaine et la vallée,
Et venait au souper de la hutte isolée...
Il la pressait alors sur son cœur frémissant,
Et, près d'elle, oubliant la montagne et l'orage.
Sa main laissa parfois sur ce front sans nuage
      Tomber une tache de sang.

XXXVI

Puis, la jeunesse vint, dans son âme, éveillée,
— Rose si tôt cueillie et si vite effeuillée ! —
Elle ignora pourtant les amours d'ici-bas :
Son cœur semblait glacé dans sa blanche poitrine .
— Puis, un soir, elle vit qu'elle était orpheline,
      Car le bandit ne revint pas.

XXXVII

Alors, elle s'en fut, — triste enfant qui mendie, —·
Sous la bure voilant la cambrure hardie
De sa taille de reine aux splendides contours,
Grave, elle s'en fut voir danser les jeunes filles !
Elle écouta bruir la soie et les mantilles,
      Cachée au fond des carrefours.

XXXVIII

Mais, sur l'herbe, aux lueurs du couchant qui flamboie,
Jamais on ne la vit se mêler à leur joie !
Seulement, quand valsaient des jeunes gens heureux,
Quand le tambour de basque et ses vives clochettes
D'argent accompagnaient le son des castagnettes,
      Son œil pensif brillait sur eux.

XXXIX.

Un jour, il lui sembla qu'elle était arrivée
Dans un vallon désert. L'aube, à peine levée,
A ses pas exilés éclairait trois chemins,
Elle avait dix-sept ans : — ô fantômes du doute !
Elle vit qu'il fallait se choisir une route ;
      Elle mit son front dans ses mains —

XL.

« Jeune fille, tu peux choisir, n'es-tu pas belle ? »
— Lui cria dans le cœur une voix immortelle. —
« Rien ne trouble l'azur de ton ciel triomphant.
« Je m'appelle Vertu. D'autres, dans le silence,
« Inutiles à tous, méprisent l'existence...
      « Viens avec moi, ma douce enfant.

XLI.

« Viens, car je sais aimer le travail et la terre. »
Elle écoutait ces mots, la jeune fille austère,
Mais leur vrai sens, pour elle, était alors obscur
Ils ne contentent pas la première détresse.
Et l'enfant hésitait, voyant, pour sa jeunesse,
      Un désir plus vague et plus pur.

XLII.

Auprès d'elle, soudain, comme un lys qui s'élève,
Une autre vision apparut dans son rêve ;
Chaste, elle prononça ces mots : « Je suis la Foi !
« Je suis celle qui porte un deuil expiatoire !
« Je suis celle qui prie au fond d'un oratoire...
      « Ma jeune sœur, viens avec moi.

XLIII.

« Le voile que Dieu met sur les vierges paisibles,
« En leur cachant la terre et ses amours visibles,
« Pour l'amour idéal n'obscurcit pas leurs yeux.
« Viens ! la souffrance, enfant, crois-le, c'est une amie :
« Et la fille du cloître, au cercueil endormie,
      « Se réveille ange dans les Cieux ! »

XLIV

Elle ne comprit pas. La cellule sacrée,
Devant son nom, peut-être, eût fermé son entrée.
Ne pouvait-elle aussi vivre avant de mourir ?
Elle se rappela les danses, la guitare,
Les basquines, la joie et l'amour qui s'égare
     Aux bois où chante le zéphyr

XLV.

Hermosa se taisait comme lorsqu'on sommeille.
Une autre voix, déjà, lui parlait à l'oreille,
Faisant devant ses yeux passer d'ardents tableaux :
Ses paroles, chanson fatale, âpre délire,
Avaient, dans leur gaieté, l'air d'un éclat de rire
     Etouffant un bruit de sanglots.

XLVI.

« Vivre ou mourir ? »—disait la voix ; —« mais, vieille Terre,
« Qu'importe ? n'es-tu pas vanité sur misère ?
« Le vent glacé, qui hurle au creux des noirs chemins,
« Emporte les amours dans l'ombre, où vont les rêves,
« Les feuilles des forêts, les flots amers des grèves,
     « Et les flots changeants des humains !

XLVII

« Eh bien! fuyons aussi vers les nuits toujours closes!
« Effeuillons, en marchant, tous les plaisirs, ces roses!
« Laissons-nous vite aller au gré de douces lois,
« Comme ces souffles purs qui, de toutes les plaines,
« Emportent les soupirs, les baisers, les haleines,
  « Aux oiseaux dormants dans les bois!

XLVIII.

« Travail, vertu, prière! — A quoi bon? — Il faut vivre!
« Feuilleter, pour l'essai, quelques pages du livre,
« Sourire... et le fermer sans crainte et sans regrets.
« Que reste-t-il de nous? L'humble abri d'un vieil arbre,
« Deux mots, vite effacés, sur un dôme de marbre ..
  « Et puis l'oubli, roi des cyprès! »

XLIX.

— Elle posa ses mains sur son cœur plein de flamme,
Car mille passions qui luttaient dans son âme
Y reflétaient alors une lueur d'enfer!
Comme on voit, dans la brume en proie au vent d'orage,
Se projeter rapide, au milieu d'un nuage,
  Le doigt sinistre de l'éclair.

4

L.

Quand elle souleva sa tête immaculée,
Le soir venait. La brise au loin, dans la vallée,
Dispersait les parfums des résédas en fleur;
Un jour avait suffi pour changer son visage :
La mort l'avait déjà marqué de son nuage,
        La volupté de sa pâleur !

LI.

Maintenant, tout était fini. Sous sa paupière
Une larme trembla... mais, ce fut la dernière.
Dédaigneuse, elle avait pesé l'Eternité :
Le désespoir jouait avec les boucles sombres
De ses cheveux flottants, et projetait ses ombres
        Sur l'idéal de sa beauté.

LII.

Bientôt elle entendit une chanson lointaine :
C'était un cavalier qui passait dans la plaine;
Il semblait retourner au manoir féodal
Qui se dressait, là-bas, sous la lune brillante.
Le cavalier mêlait sa voix insouciante
        Au bruit des pas de son cheval.

LIII.

Son nom était Don Juan. Il courait sous les branches,
Sur sa toque, au hasard, flottaient ses plumes blanches,
Son visage semblait d'un tout jeune homme encor;
Sur l'arçon, il tenait sa main droite campée;
Son manteau, relevé par le bout d'une épée,
   Laissait voir ses éperons d'or.

LIV.

Dès qu'il l'eut aperçue, il dit: « Vous êtes belle,
« Vous qui vous tenez là ! »—« N'est-ce pas ? » Lui dit-elle
L'innocence, en pleurant, disparut à ce mot.
—« Tu viens du ciel ? »—« Mettons ! si cela peut te plaire »
—« Je t'aime ! » — Elle sourit. Il l'enleva de terre,
   Puis, ils partirent au galop.

FIN DU CHANT PREMIER.

CHANT DEUXIÈME

L'EXISTENCE.

« Il en est un plus beau, plus grand, plus poétique,
« Que personne n'a fait¹. »

(A. DE MUSSET, *Namouna.*)

I

DÈS lors, ce ne fut plus, pour tous deux, qu'une vie
Pleine d'enivrements, de splendeurs, de folie,
De rêves, de festins, de danses et de bruit.
C'étaient ceux qui dormaient aux clartés de l'aurore
Et qui, le soir venu, sacrifiaient encore
Aux autels pâles de la nuit.

II.

Ils allaient, sans souci de la fosse profonde,
Epuisant au hasard les bonheurs de ce monde,
Les sources de la joie et de la volupté.
Cadix les vit voguer sur son onde amoureuse,
Puis Gênes la Superbe et Palerme l'Heureuse,
            Naples et son golfe enchanté

III.

Ischia, dont les bords sont aimés des poètes,
Florence et ses palais, Parme et ses violettes,
Virent passer ce couple au front insoucieux :
Tels deux cygnes qui, loin des brumes attristantes,
En déployant toujours leurs ailes inconstantes,
            Guident leur vol vers d'autres cieux.

IV

Mais elle vit bientôt d'indicibles contraintes
Dans ce beau cavalier aux rapides étreintes
Don Juan, qu'elle avait pris d'abord pour un enfant.
A de certains moments quittait son air frivole,
Et l'épouvantait presque avec une parole
            Qu'il achevait en souriant

V.

O mystère ! — Elle avait joué près des abîmes. —
Eh bien ! lorsque, perdu dans des luttes intimes,
Il la fixait d'un œil vitré d'obscurs effrois,
Elle éprouvait soudain, en lui disant : « Je t'aime ! »
La même impression de vertige suprême
    Qu'aux bords des gouffres d'autrefois.

VI.

Oui ! la montagne aux flancs déserts, la croix de pierre
Du meurtrier maudit, la verdure et le lierre
Dont les fleurs couronnaient quelque antre dévorant
C'était dans ce regard comme un vivant mirage.
Il lui semblait planer sur son destin sauvage,
    Comme un aigle sur un torrent.

VII.

Leur vie, à part cela, n'était qu'un long délire.
Comme jadis Hébé, dans son royal empire,
Versait aux Dieux païens la liqueur du sommeil,
Tel, d'un bras gracieux et ferme, la Jeunesse
Leur versait, tour à tour, le plaisir et l'ivresse
    Dans une coupe de vermeil.

VIII.

Un soir, au clair de lune, ils voguaient à leur guise
Sur les flots étoilés où se baigne Venise ;
Ils voguaient, &, déjà, s'effaçaient derrière eux
Masques, flambeaux, palais, femmes, fleurs, bal sonore...
A peine un chant d'amour, au loin, troublait encore
    Le divin silence des cieux.

IX.

Ils avaient pour abri, dans leurs fraîches nuitées,
Un dais de satin blanc aux franges argentées,
Aux plis amples et lourds. Un antique manteau
S'étendait largement sur des coussins d'hermines,
Et, tandis qu'ils rêvaient au bruit des mandolines,
    Ses pans brodés traînaient dans l'eau.

X.

Hermosa dit alors « — Seigneur Juan, tu soupires! »
« — Oui, je souffre, dit-il. Mais un de tes sourires
« Efface les chagrins. » — « Toi si jeune et si beau,
« Tu parles de douleurs ? »—« Peut-être. » Un long silence..
— « Mais mon front sur ton cœur doit calmer ta souffrance ?»
    — « C'est une fleur sur un tombeau ! »

XI.

Elle ajouta, bientôt, de sa voix douce et grave :
« — Ami ! n'aimes-tu pas les chants de ton esclave ?
« Dis ? ma guzla de cèdre a le don de charmer
« Les malheureux, peut-être ? » — « Hermosa, laisse, laisse
« La guzla ! Rien ne peut consoler ma tristesse,
        « Et je t'admire sans t'aimer ! »

XII.

— « Oh ! serait-ce déjà l'adieu, Don Juan ? » — « Demeure !
« Car mon dernier espoir m'a quitté tout à l'heure ;
« Car je veux reposer ma tête sur ton sein !
« Reste ! puisque je suis l'exilé qu'on envie :
« Reste ! puisque à l'amour ta beauté me convie,
        « Moi qui déjà n'aime plus rien ! »

XIII.

— « O mon jeune sultan, reprit-elle, tu m'aimes !
« Echangeons seulement deux richesses suprêmes,
« Dont nous pouvons tous deux à l'instant disposer.
« Ami, je t'en supplie ! » — « Enfant ! que veux-tu dire ? »
— « Ton âme et sa douleur, d'abord, pour un sourire.
        « Et ton secret pour un baiser ! »

XIV.

« — Mon secret, jeune fille? » Il tressaillit. — « Ma lèvre
« Dit-elle, peut donner le plaisir et la fièvre !
« Mes baisers de velours supplicient ! mes cheveux,
« Aux parfums pénétrants, enivrent ! mon haleine
« Epuise !... Et je peux faire, ainsi qu'une Sirène,
        « Mourir d'amour ! si je le veux.

XV.

« Du moins, tu me l'as dit, cher seigneur ! Ta mémoire
« Doit bien se souvenir de toute cette histoire.
« Eh bien, mon bel ami ! si c'est vrai, cependant,
« Si je puis donner tant d'ineffables délires,
« Un seul de mes baisers, un seul de mes sourires,
        « Vaut le secret de mon amant. »

XVI.

— « De quel secret veux-tu parler, ma belle reine? »
— « Ecoute bien : c'était dans le salon d'ébène,
Au palais, l'autre nuit ; les couplets du festin
N'éveillaient plus l'amour, et leurs accords profanes
Ne retentissaient plus. Des clartés diaphanes
        Annonçaient déjà le matin.

XVII.

« Les glands d'or relâchaient les lourdes draperies,
Les roses s'effeuillaient des couronnes flétries;
De blafardes lueurs les vitraux se teignaient;
La myrrhe s'échappait des cassolettes d'ambre
En spirales d'azur; aux fresques de la chambre
      Les candélabres s'éteignaient.

XVIII.

« Flacons d'argent, poignards, dés, gants, coupes et masques
Jonchaient la mosaïque aux désordres fantasques;
Les convives, épars, dormaient sur les sophas;
Les amours d'un instant que l'ivresse prodigue
Déjà se reposaient, éperdus de fatigue,
      Et ne se parlaient plus tout bas!

XIX.

« Mais moi, qui suis plus jeune et d'une autre nature,
Des pampres se nattaient avec ma chevelure,
Et mes yeux pour se clore attendaient tes baisers,
La peau d'un tigre noir sous ma hanche lustrée
Avait deux trous au front, double tache bistrée,
      Que tes balles avaient creusés.

XX.

« C'étaient deux coups de feu de ta main prompte et sûre
Qu'à l'heure du danger ton œil calme mesure...
Et mon esprit volait vers ces pays heureux
Dont tu ne parles pas, beau voyageur morose !
Naufrages, duels, périls, amours... oh ! je suppose
    Un passé bien mystérieux.

XXI.

« Donc, je pensais à toi, dans cette demi-veille
Où l'idéal survit au désir qui sommeille...
Et je croyais te voir, dans la brume des jours,
Errant, tantôt parmi ces monts voisins des nues
Qui s'élèvent, là-bas, aux plaines inconnues
    Dont on ne revient pas toujours

XXII.

« Tantôt avec l'Arabe, avec les caravanes
Des déserts enflammés ; tantôt dans les savanes
Où le lion bondit, sa proie entre les dents ;
Tantôt, pensif, aux bras de maîtresses cuivrées,
Effleurant tes amours, comme ces fleurs dorées
    Qu'on respire et qu'on jette aux vents.

XXIII.

« Tantôt dans les combats, avec les Palikares,
Aux mêches des canons allumant tes cigares,
Et du bout de la dague excitant ton cheval,
Tantôt dans le harem de l'émir solitaire,
Dont les cawas cruels, aux visages de terre,
Gardent les portes de sandal ;

XXIV.

« D'autres fois, naviguant aux Indes fiévreuses
Sur les fleuves sacrés, près des rives ombreuses
Où voltigent partout des oiseaux de saphirs ;
Enfin, je te voyais à Venise la Belle,
Roi de tous les festins, sans que ton front révèle
Ennuis, regrets ou souvenirs !

XXV.

« Et tu ne venais pas. Lasse de rêverie,
Je soulevai le pan d'une tapisserie,
Songeant que tu pouvais être là, par hasard,
Et je te vis parmi les colonnes jaspées,
L'œil fixe, et tourmentant de tes deux mains crispées
La lame d'or de ton poignard

XXVI.

« Je te considérais. Une angoisse terrible
Semblait couvrir pour toi d'un suaire invisible
Les choses de l'orgie aux funèbres débris ;
Quelque secret sans nom penchait ta tête sombre,
Tu regardais le vide, impassible, dans l'ombre,
      Comme un Dieu des festins maudits.

XXVII.

« Oh ! je ne sais comment me vint cette pensée,
Que tu voulais mourir ! Mais elle m'a glacée.
Ton ennui n'était pas comme celui qui naît
Des vulgaires dégoûts : la tristesse suprême
Consacrait ta fierté ; comme un noir diadème
      Le désespoir te couronnait.

XXVIII.

« Et je compris alors que nos plaisirs de flamme
Ne pouvaient apaiser les ardeurs de ton âme ;
Que ton rire poli, comme un masque d'acier,
Cachait un but que nul ne sait, que rien ne change,
Large, immense, effrayant, impénétrable, étrange..
      N'est-ce pas, bel aventurier ? »

XXIX.

Elle dit, et reprit sa pose d'indolence.
Don Juan la regarda quelque temps en silence...
Les vents, pleins de parfums et de vagues accords,
Caressaient leurs cheveux. — « Mon secret? c'est ma vie !
« A quoi bon remonter les torrents ! » — « Je t'en prie ! »
        — « Eh bien, dit-il, écoute, alors !

XXX.

« Puisque je suis la voix qui chante aux jeunes filles
Dans les bois, sur les lacs, sous les fleurs des charmilles,
Des rhythmes inconnus, puissants et singuliers,
Puisque, sylphe ou génie aux magnétiques ailes,
Je suis celui qui vient murmurer auprès d'elles
        Les serments si vite oubliés ;

XXXI.

« Puisque, lassé de vivre en méprisant la vie,
Je regarde la mort sans haine et sans envie,
Comme une ombre suprême où dorment les amours ;
Puisque ce Dieu vengeur, dont je suis la victime,
A, pour demain, peut-être, au Livre de l'Abîme
        Marqué le terme de mes jours ;

XXXII.

« Puisque le soir d'automne et ses blanches lumières
Argentent les frontons des palais centenaires,
Et que, sur ta beauté, je me suis prosterné;
Puisque j'admire, enfin, dans ta splendeur sereine,
Le rêve impérial de l'esthétique humaine;
   Puisqu'une enfant m'a deviné,

XXXIII.

« Je veux laisser pour toi, de ce cœur plein d'extase,
S'échapper tout à coup l'idéal qui l'écrase !
Sens-tu les orangers et les magnolias?
Lève tes yeux divins, écoute ! l'heure sonne,
L'heure des voluptés ! L'ombre nous environne,
   O ma belle, ne tremble pas !

XXXIV.

« Regarde bien ! Deux nuits se disputent la terre :
L'une, écharpe de bal, l'autre, vaste suaire.
Ecoute la chanson bruyante des festins,
Les rires, la folie et sa douce musique !
N'est-ce pas que les vents du golfe Adriatique
   Ont un bruit de baisers lointains?

XXXV.

« Vois les lustres sans nombre et les salles remplies
De masques amoureux, de femmes éblouies!
Nuit de l'humanité désespérant d'un Dieu ;
Mais lève maintenant ton front, et considère
L'autre : l'immense nuit enveloppant la terre
      Dans les plis de son linceul bleu!

XXXVI.

« Eh bien! les êtres nés de l'homme et de la femme,
Ayant peur du néant, doutant s'ils ont une âme,
Devant elle ont compris l'*au-delà* du tombeau ;
L'esclave dans l'oubli, le puissant dans les fêtes,
Se sont dit, en voyant s'étendre sur leurs têtes
      La nuit terrible et sans flambeau

XXXVII.

« Paix du foyer natal! honneur, trésor fragile!
Puissance, vacillant sur un trône d'argile!
Prière, humble bonheur! gloire, sanglant plaisir '
Toi, science, mot plein de vides insondables!
Voilà les vanités de nos sorts misérables
      Notre seul but est de mourir!

XXXVIII.

« Ainsi, dans quelques mois, tu dois tomber en cendre ;
Tes beaux yeux s'éteindront ; seule, il faudra descendre
La spirale glacée aux méandres perdus.
Tu frémis dans mes bras, ma blanche condamnée !
A quoi bon ! C'est la loi de notre destinée
            C'est tout simple de n'être plus.

XXXIX.

« Tu parles de pays. Que m'importent les mondes,
Les soleils, les hivers, les sables et les ondes !
Mon rêve est *au-delà* ! Tu parles de dangers ›
Ce sont mes seuls amis ; et, quant à mon visage,
Crois-tu que sur leurs traits on lise, après l'orage,
            Les épouvantes des nochers ›

XL.

« Comme le pèlerin, venu de ces orages,
Dit à celui qui part pour les lointains voyages
Les récits du désert aux aspects redoutés,
Je veux, en attendant que la mort nous dévaste,
Te retracer d'abord un spectacle assez vaste...
            Le désert des réalités !

5

XLI.

« L'auguste Liberté fut l'unique déesse
De nos premiers aïeux; mais, plus nombreux sans cesse,
Ils voulurent bientôt des actes différents.
Leurs Libertés alors pour la palme luttèrent,
Et du choc implacable où toutes se heurtèrent
      Soudain naquirent les tyrans.

XLII

« Oh! je suis satisfait, quant à ce point de vue,
De leurs anciens combats : ma jeunesse est pourvue
De l'utile et du beau, je suis fils des vainqueurs!
Je marche libre et fier sur ces plages conquises,
Le plaisir effeuilla ses fleurs les plus exquises
      Pour mes dédains les plus moqueurs.

XLIII.

« Et ce soir même encor, si ta beauté sévère
Ne daignait consoler ma douleur altière,
J'irais dans mon sérail des jardins de Lemnos :
Là, je suis plus qu'un roi; cent esclaves de Grèce
Dans mon hanap d'argent m'y verseraient l'ivresse
      Des vins de Chypre et de Samos!

XLIV.

« Je m'y trouverais grand. J'ai des passions calmes.
A vingt ans j'ai cueilli des myrthes et des palmes,
Et j'ai su, comme un autre, inspirer de l'effroi.
La Gloire? oui! je connais cette antique statue
Qui pour les héros seuls devient femme : elle tue,
        Et n'est pas si belle que toi.

XLV.

« Quand de mon noir vaisseau le vent gonflait les voiles,
Couché sur le tillac, rêveur, sous les étoiles,
Tandis que sur le pont dormaient les matelots,
Souvent j'ai vu briller dans le sillage sombre
Ce fantôme aux amours pleins de mystère et d'ombre
        Qui m'appelait du sein des flots.

XLVI.

« Si le ciel foudroyait l'océan qu'il soulève,
J'étais indifférent. Seul, au fond de mon rêve
Je voyais des lauriers croître dans des déserts :
Des fanfares de cuivre emportaient, dans leurs râles,
La tempête, la houle et les sourdes rafales
        Des cris du vent, du bruit des mers.

XLVII.

« Au réveil, j'étais roi. D'éclatantes bannières,
Des prestiges, des chars, des fleurs, des bayadères
Des nègres m'escortaient; — fantastiques ébats! —
Et d'innombrables voix, par tonnantes bouffées,
Criaient : « Gloire à celui qui porte des trophées!
        « Gloire au jeune homme des combats! »

XLVIII.

« C'était l'Asie, avec sa force que j'admire,
Nouant sur ses flancs bruns son pagne en cachemire,
Avec sa fantaisie aux couleurs d'arc-en-ciel,
Ses parias impurs, ses forêts grandioses,
Ses moissons de maïs et ses moissons de roses,
        Et ses croyances sans autel.

XLIX.

« Oui! j'ai dicté des lois à toutes ces peuplades.
Leurs frontières, leurs champs, leurs cités, leurs bourgades
M'attendent, et je puis reprendre mon chemin.
Chef de mille tribus dont chaque guerrier veille,
Je puis faire, d'un mot, des vaincus de la veille,
        Les oppresseurs du lendemain.

L.

« — D'autres l'ont fait ! — Jadis, racontent les annales,
Un prince, un tout jeune homme, un dompteur de cavales,
Vivait dans ce pays, au langage profond,
Qu'on appelle la Grèce. Il aimait les athlètes,
Les quadriges, les arcs, les chasses et les fêtes
      De son royaume âpre et fécond !

LI

« Il avait eu pour maître un sage entre les sages...
Il marcha devant lui. — Victoires et carnages ! —
Le monde épouvanté lui paya son tribut.
Les satrapes fuyaient. Lui, dans ses nuits fébriles,
Aux lueurs de l'orgie incendiait les villes...
      C'était un Dieu. — Puis il mourut.

LII

« — Un Dieu ? — Pour effacer ses empreintes sublimes
Il fallut de nouveau six cent mille victimes !
— Où passait Alexandre, où passait Darius ?
— Les choses ont repris leurs places éternelles
Les flots dans le Granique et l'herbe dans Arbelles.
      Et le sable aux plaines d'Issus

LIII.

« Aussi n'irai-je plus dans les steppes marbrées
Du magique Orient. Les batailles sacrées
Des peuples et des rois pourront rugir encor ;
Jamais, sur l'éléphant, mon glaive et mes cuirasses
N'éblouiront au loin l'onagre aux reins vivaces
          Bariolé de sang et d'or.

LIV.

« Du sang pour de l'oubli !... Lois fauves de la terre !
Si du moins j'étais seul !... Sans voir, dans la poussière
Se tordre des vaincus sous des jougs révoltants !. .
Certe, il est noble et beau de vouloir ; mais, en somme,
Une œuvre que produit la volonté d'un homme
          Peut-elle durer bien longtemps ?

LV.

« Sais-tu quels résultats un martyr de génie,
Comme un François Xavier, pour vingt ans d'agonie
Obtient après sa mort ? — Un radjah me montrait
Les temples de ses Dieux, et, sur un dôme immense,
La brise balançait, au bout d'une potence,
          Le dernier chrétien qui restait..

LVI.

« Ainsi de tout, hélas ! — On voit, par intervalles,
La Misère, la Faim, les douleurs triviales,
La hâve Maladie, avec ses membres verts ;
Les affres de la Soif, qui sèchent les entrailles ;
Le Froid, cassant les dents, entre quatre murailles
        Sous l'âpre bise des hivers...

LVII.

« — Fatalités ! — Avec le lait de leurs nourrices,
Des vivants ont sucé tous ces amers calices !...
Si tant est que le fiel d'un sein endolori
Porte le même nom, tresse les mêmes fibres,
Que le suc doux et fort, bu par les enfants libres
        Au libre sein qu'ils ont tari.

LVIII.

« Arracher au Malheur ces races désolées,
Ranimer, aujourd'hui, ces castes immolées ? —
A refaire demain. — Trop tard ! — Je n'y tiens pas.
Puis, c'est pénible à dire, une chose pareille
La Fortune avilit ces pauvres de la veille !
        Ils n'ont de grand que leurs grabats !

LIX.

« Oh ! ne voulant juger ni mépriser personne,
Je ne sais point haïr ! Je plains, ou je pardonne.
Loin de moi d'outrager le pauvre, en vérité !
En proie aux lourds haillons, quand son corps craque et plie,
Il est grand, celui-là qu'on raille et qu'on spolie.
        L'opprobre est une majesté !

LX.

« Lugubres questions ! — Souvent, pour me distraire,
J'ai changé pour plusieurs la Fortune contraire.
Ils étaient fiers et purs ; ils se plaignaient entre eux   .
Aussitôt qu'un peu d'or aveugla leurs yeux caves,
Ils furent sans pitié pour leurs frères esclaves.
        Leur égoïsme fut hideux.

LXI.

« Tu peux faire une aumône avec un tel sourire
Que, si j'étais le pauvre, il pourrait me suffire ! ..
Donner te va si bien ! Dans cet acte, surtout,
J'aimerai, dans ton bras, une langueur plus lasse,
Une courbe esquissée avec une humble grâce.
        Qu'est-ce que le reste, après tout ›

LXII.

« Vieux Caïn ! Tu buvais tes larmes fratricides
Quand la soif t'embrasait dans tes sables torrides ;
Mais quand la pluie enfin venait à ruisseler,
Tu pouvais au soleil, sur la terre arrosée,
Voir, sous ses poils brillants de gouttes de rosée,
Ta peau de tigre étinceler !

LXIII.

« Si le Sort te privait d'Eden et de ses charmes,
Tu connaissais le goût des larmes, fils des larmes !
Il doit en être ainsi des modernes Caïns.
Que, révoltés, ils soient vainqueurs ! Ma tombe est prête :
Et je saurai mourir de l'air dont je leur jette
Ma bourse pleine de sequins !

LXIV.

« Et toi-même, Hermosa, si par le temps heurtée,
Sous le souffle jaloux de la Parque irritée,
Tu voyais de ton front le nimbe sidéral
S'éteindre, tu dirais, dans ton orgueil stoïque,
Le mot simplement vrai de cette reine antique
« Le poignard ne fait pas de mal ! »

LXV.

« N'est-ce pas? » — Elle était sérieuse et muette,
Et l'œil clair de Don Juan suivait sur cette tête
L'effet que dans ce cœur sa voix avait produit.
La lampe, au gouvernail, brillait sur les flots pâles.
Mais des traits d'Hermosa les splendeurs liliales
          S'enténébraient comme la nuit.

LXVI.

Tel, dans les hauts glaciers dont la neige étincelle,
Le pur cristal d'un lac dans son calme recèle
Des troubles inconnus aux chasseurs curieux :
Qu'une trombe sur lui tout à coup siffle et passe,
Du lit de sable on voit monter à la surface
          Des indices mystérieux

LXVII.

« — O toi que je regarde et que je trouve belle,
Tu trembles? » — « Prince aimé, parle encore! » dit-elle :
« Et quand l'amour du pauvre et de l'humanité,
Quand espérance et gloire avec la foi céleste
Ont déserté le cœur, que reste-t-il? » — « Il reste
          Un fantôme : la Volupté !

LXVIII.

« Puisque tu l'as choisi, puisque c'est ton emblème,
Veux-tu voir, d'un seul coup, sa limite suprême ?
Evoquons un mortel qui puisse revêtir,
En symbole éclatant de toute l'œuvre humaine,
Bandelette d'Isis et sandale romaine,
   Et manteau de pourpre de Tyr !

LXIX.

« Soit Tibère exilé dans l'île de Caprée ! —
Ah ! ce fut un convive à la table dorée
Des terrestres élus : son trône, sans pareil,
Surplombait les trois rangs des gardes vexillaires .
Il voyait resplendir l'aigle de ses galères
   Sur les flots, aux feux du soleil !

LXX.

« Sombre praticien des plus occultes spasmes,
Quand ses nerfs, allanguis par d'horribles marasmes.
Résistaient.. Il aimait, lui, César triomphal,
L'obscure volupté des ivresses sanglantes,
Il sentait sourdre en lui des fureurs impuissantes
   Avec des instincts de chacal.

LXXI.

« Ses licteurs l'escortaient dans Rome. Il était maître.
Le cinname embaumait sa tunique, peut-être ;
Mais si l'on murmurait, il étendait la main ;
Et d'un sceptre railleur, prédisant ses revanches,
Courbait sinistrement les deux cents têtes blanches
        Des vieillards du sénat romain.

LXXII.

« Couvrons son corps chétif des formes les plus belles ;
Que des muscles de bronze asseoient ses membres grêles,
Que son rictus difforme ait un sourire ami,
Qu'un timbre ferme et pur remplace sa voix rauque,
Que le feu se rallume au fond de son œil glauque,
        Que la jeunesse soit sur lui !

LXXIII

« Et que sur sa beauté soit le teint diaphane
D'Endymion, alors que la chaste Diane
Sous l'ombrage odorant d'un épais alisier,
Aux rayons de la lune et sur l'herbe argentée,
Le trouvant endormi près d'une onde enchantée,
        Le réveilla dans un baiser.

LXXIV.

« Maintenant, que l'Etude aux sourdes amertumes
Condense à son appel ses antiques volumes,
Qu'il connaisse des lois les intimes rapports;
Que pour lui la science interdite au profane,
Des prêtres de Memphis, des mages d'Ecbatane,
        Livre la clef de ses trésors ;

LXXV.

« Qu'il sache les secrets des vieux anachorètes,
Quand, seuls, dans leurs déserts aux citernes discrètes,
Ils regardent marcher les astres dans les cieux,
Et que, baissant leurs fronts inondés de lumière,
Ils meurent en laissant le soin de leur poussière
        Aux aquilons mystérieux.

LXXVI.

« Qu'il ait en son pouvoir, si tout lui devient fade,
Les philtres ravivant le corps qui se dégrade;
Breuvages des soudans aux fabuleux excès ;
Elixirs des Hermès de la Chaldée ancienne,
Et, peut-être, connus dans l'Inde souterraine
        Dont les caveaux n'ont point d'accès.

LXXVII.

« Car il est des fakirs, dans ces retraites creuses,
Rêves d'un conte Arabe aux lampes merveilleuses,
Vieux, funèbres et nus, dans leur mysticité :
Farouches de science et d'ombre et de prodiges !
Morts ; que deviennent-ils ? On ne sait. — Nuls vestiges !...
    Comme s'ils n'avaient pas été.

LXXVIII.

« Et si ce n'est assez des villas d'Italie
Pour abriter cet homme et son immense vie,
Que le vieux monde entasse en amas monstrueux
Ses jardins suspendus, ses blocs d'or et d'albâtres,
Ses cirques de Titans et ses amphithéâtres,
    Dans un palais vertigineux !

LXXIX.

« Là, qu'il scrute à loisir les détails, les nuances
Des dépravations aux subtiles essences !
Que dans l'onde lustrale, au son des luths charmants,
Les tableaux de délire et de débauche antique
Enguirlandés autour des piliers d'un portique
    Pour lui revivent frémissants !

LXXX.

« Et, comme le Phénix des bûchers de Lybie
Qui renaît de sa cendre et qui s'y purifie,
Que le Plaisir, vainqueur des dégoûts attristés,
Holocauste immortel, toujours nouveau, renaisse
De ses propres ennuis ! Qu'il soit jeune, sans cesse
          Pendant cent ans de voluptés !

LXXXI.

« Que ses vœux tout-puissants se contentent des bornes
Où le monde a restreint ses jouissances mornes !
Qu'il soit le nom fait chair de tout désir humain,
Qu'insensible à l'aspect de l'asile où tout tombe,
Il ne conçoive pas les transes de la tombe,
          Et qu'il se trouve *heureux*, enfin !

LXXXII.

« Est-ce tout? — Oui, c'est tout. — Certe, à sa dernière heure
S'il n'a point souhaité d'existence meilleure,
De célestes éclairs auront dû sillonner
Ses nuits, et bien des fleurs embaumer ses aurores.
Et la Gloire viendra, dans ses hymnes sonores,
          Autant qu'un Dieu l'environner !

LXXXIII.

« Mais, au bord de sa fosse, il se dira : « La gloire,
« La fleur du jour profond, l'éclair de la nuit noire,
« Vanités ! A quoi bon ce qui peut éblouir,
« Tout ce qu'il faut aimer et tout ce qu'il faut plaindre,
« Si la fleur doit tomber, si l'éclair doit s'éteindre...
       « Enfin, si l'homme doit mourir › »

LXXXIV.

« O mort ! Stupeurs ! Néant ! porte triste qui s'ouvre
Sur les cieux inconnus dont l'abîme nous couvre,
Ou sommeil dévorant dont on ne revient pas !
Pourquoi, si c'est un mal, naître dans sa puissance ?
Pourquoi la craignons-nous si c'est la délivrance ›
       — O sceptre sombre du trépas !

LXXXV

« Ténèbres ! La réponse est un Dieu, dit le prêtre ;
Le sage dit : Arrière ! et l'homme dit : Peut-être !
Trois mots ! Le Sphinx béant reste seul défini.
Tu vois bien que deux nuits se disputent la terre
L'une, n'est que la vie, ou Fortune ou Misère ;
       L'autre, est un Problème infini !

LXXXVI.

Et leur barque voguait. Les flots aux clameurs sourdes
Dans l'ombre se brisaient contre les rames lourdes,
Et la proue en ébène où dort le gondolier
Se recourbait sur l'eau ; des voix harmonieuses
S'accordaient, aux lointains, dans les lagunes creuses
      Où la lune venait briller.

LXXXVII.

Mais ils n'entendaient pas le chant des barcarolles '
Hermosa se perdait au fond de ces paroles,
Elle se rappelait les choses d'autrefois ;
Et regardant celui qui l'avait possédée .
« De quel passé ton âme est-elle précédée ? '
      Dit-elle, enfin, à demi voix

LXXXVIII.

Don Juan lui répondit . « La vingt-septième année
Creuse, entre mes sourcils, sa ride spontanée.
Cependant, j'aime encor ces souvenirs du ciel,
Ces temps où s'envolait mon enfance bénie
Sur les gazons en fleurs, par le soleil brunie,
      Dans les grands bois d'un vieux castel

LXXXIX.

« Les filles d'alentour, enfants aux purs visages,
Déjà venaient jouer dans les bosquets sauvages.
Elles venaient jouer, les filles des manoirs,
Près du pâle orphelin. Et, parfois, sous les saules
Le vent faisait flotter sur leurs blanches épaules
        Les boucles de mes cheveux noirs.

XC.

« Puis, seize ans ! l'âge d'or !... Bruyantes sérénades ;
Les duels sous les balcons aux détours des arcades,
Les dés et la guitare aux turbulents accords,
Les brocs de vin qu'on brise aux murs plâtrés d'un bouge ;
Le masque, le manteau, le feutre à plume rouge...
        Comme j'étais heureux alors !

XCI

« On se souvient aussi là bas : les jeunes filles
Croient me voir dans la brume aux halliers des Castilles,
Mon nom est comme ceux des démons passagers ;
Les veilleurs des troupeaux chantent, dans leurs domaines,
Ta ballade, ô Don Juan, près des feux, dans les plaines,
        Au groupe arrondi des bergers.

XCII

« Vivre dans mon manoir, quitter les aventures.
Garder, insouciant, d'inutiles armures;
De ce vaste univers être un froid spectateur,
Voir crouler des autels ou périr des armées.
Ou des trônes s'abattre aux rires de pygmées›
          J'eus d'autres rêves dans le cœur

XCIII.

« J'étais prince, après tout, j'usai de ma jeunesse
Et je marchai, joyeux, de maîtresse en maîtresse.
D'abord, je ne cherchais qu'amours et voluptés,
Puis, à l'heure navrante où le corps se repose,
Je crus voir le dégoût au bout de toute chose. .
          J'étais las de réalités

XCIV.

« Suspendre aux treillis d'or une échelle de soie,
Aimer dans la taverne une fille de joie;
Bah! perles et cailloux, insipides ennuis.
Ne pouvant plus aimer comme aime le vulgaire,
Je conçus un désir auguste et solitaire :
          Lui seul m'a fait ce que je suis.

XCV

« Lui seul m'a fait braver les Dieux et les tempêtes.
Lui seul m'a fait aimer les rumeurs des conquêtes
Par lui, mes pas errants d'exploits sont illustrés
Je lui dois, à travers d'épouvantables drames,
D'avoir fait palpiter plus d'un millier de femmes
　　Entre mes bras désespérés.

XCVI

« Les héros n'ont qu'un but : ils y songent sans trêve,
Le peintre a son tableau ; le poète, son rêve,
Le conquérant, sa gloire, et le prêtre, sa loi
Y découvrant toujours des profondeurs nouvelles,
Ils ont un vague espoir de beautés immortelles
　　L'homme a besoin d'un peu de foi.

XCVII.

« Eh bien, ce sentiment qui tourmente sans trêve,
Cet idéal maudit, cet inconnu, ce rêve
Devant qui les humains succombent tour à tour,
Cet espoir, que les uns cherchent dans la science,
Les autres dans la foi, d'autres dans la puissance,
　　Moi, je l'ai cherché dans l'amour.

XCVIII

« L'amour, c'est l'absolu. Par sa poignante joie,
Un baiser que je donne au baiser, me foudroie.
Comme un éclair divin dans l'ombre de mon cœur,
Il ébranle en moi-même une sorte d'abîme
Où la création se dévoile, sublime,
      Dans un spectacle intérieur

XCIX.

« Oui! J'ai voulu savoir de toute créature
Si ce mot, qui tressaille au cœur de la nature,
Avait un sens caché qu'on ignore ici-bas.
J'ai vu balbutier des filles bien étranges.
Je connais des tombeaux où sombrèrent des anges
      Ce sont les traces de mes pas

C

« Cloîtres perdus au fond des bois, sur les collines,
Vous vous souvenez bien, là-bas, dans vos ruines.
Du cavalier nocturne aux affreux repentirs
Ah! l'heure des amours est l'heure des fantômes ,
Vos nonnes l'ont chanté dans leurs lugubres psaumes..
      Les chants étouffent les soupirs

CI.

« O fleuve de l'oubli ! De tes vagues amies
Remplis ma coupe d'or, car les vierges blémies
N'ont point en expirant achevé leur secret ;
Et quand la lune vient, sur l'albâtre et les lierres,
Caresser de rayons leurs urnes cinéraires,
   Le vent se plaint dans la forêt.

CII.

« Innombrables amours ! A travers les contrées
Où pèse un air de feu sur des enfants dorées,
Je vins, génie ou roi, par les simoüns porté.
Rien ne put de mon cœur tarir la soif étrange.
Enfin, je me penchai sur moi comme un archange
   Subitement précipité !

CIII

« J'ai vu, dans l'Orient, une nation noire
Entourer une idole au visage d'ivoire :
Cette troupe à ses pieds longuement défilait `
Les femmes brandissaient avec des cris funèbres
Des torches de cyprès, rouges, dans les ténèbres ..
   Le dieu restait grave et muet

CIV.

« Eh bien, je me trouvai semblable à cette idole.
Ces torches qui formaient une fauve auréole,
Ces visions sans fin qui fuyaient sous mes yeux.
Ah! c'étaient mes amours! vois-tu bien, ô ma belle,
Ils s'envelissaient dans la nuit éternelle
         En me jetant leurs chants d'adieux.

CV.

« — Seul! — Ce mot m'éclaira comme une conscience
Tant de gloire, de deuils, de luttes, de puissance
Pour quelques souvenirs de vaines voluptés!
Une pensée alors traversa tout mon être :
On se perd dans plusieurs! une suffit peut-être...
         — O mortelles obscurités!

CVI.

« Les sages n'ont-ils pas cette loi grandiose .
— Concentre le bonheur sur une seule chose! —
Dédale, qu'un sérail! Pourquoi changer toujours'
Je cherchai ton enfant, ton chef-d'œuvre, ô nature,
Afin de recréer son âme simple et pure
         Avec l'âme de mes amours!

CVII.

« Hermosa, penses-tu qu'au pays des Espagnes
Je ne connaisse pas les détours des montagnes?
Crois-tu que le hasard t'ait seul donnée à moi?
Hermosa, j'attendais la minute suprême
Où la femme se trouble à ces deux mots : « Je t'aime! »
      Et je veillais de loin sur toi.

CVIII.

« La Pauvreté, squelette sombre aux yeux funestes
Qui, le soir, foule aux pieds les couronnes célestes
Des vierges de seize ans, allait te consumer,
Il fallait t'isoler de ces sphères moroses,
Couper pour ton bouquet les épines des roses
      O toi que je voulais aimer!

CIX.

« Vois! Le satin lilas brodé de chrysoprases
Couvre ton corps de nacre aux naïves extases,
Et ce tulle d'argent nuage ton beau sein :
Esclaves, fleurs, parfums, lustres, chevaux, richesse
Encadrent ta beauté, tes amours, ta jeunesse
      Dans ton palais vénitien

CX.

« Et tout ce que je sens d'ardentes sympathies,
De baisers, où l'on croit ses lèvres engourdies
Sous des effluves d'or, ce qu'on échevela
De langueurs, en plaisirs, en mystères fécondes,
De spasmes énervants, de délices profondes,
     J'ai fait ton âme avec cela.

CXI.

« N as-tu pas la beauté qui, dans les insomnies,
Fait croire à l'idéal des amours infinies›
Mais à cet idéal mon cœur doit se fermer.
Trop tard! il ne peut plus contenir sa pensée.
Ah! qu'on m'explique donc cette phrase insensée
    « Trop tard! je ne peux plus aimer »

CXII.

« Je ne peux plus aimer, entends-tu, jeune femme !
Brûlé comme Caïn d'une invisible flamme,
J'ai soif d'un paradis dont je suis exilé
Vivre ne m'est plus rien je suis las de moi-même
Mon cœur, sépulcre sourd, ne garde qu'un blasphème
    Pour ce beau ciel toujours voilé

CXIII.

« Oui ! si vous existez aux sphères ineffables,
Seigneur, vous avez fait des choses formidables.
Vous avez fait douter les fils de la douleur :
Vous avez fait briller vos étoiles sublimes
Aux regards des bourreaux, comme aux yeux des victimes,
    Vous avez fait cela, Seigneur. »

CXIV.

Pareil au noir Esprit qui veille aux suicides,
Don Juan se redressa crispant ses poings livides
Son œil eut un éclair funeste et surhumain :
Mais le Doute brisait le vol de son génie,
Et, voyant Hermosa pâle et comme assombrie,
    Don Juan baisa son front divin

CXV.

Tel un grand épervier dans les éthers surplombe
Une proie effrayée et blanche, une colombe.
Le plomb siffle et l'atteint, son vol va se raidir,
Il tombe, et couvre encor des ombres de ses ailes
L'humble oiseau fasciné par ses noires prunelles
    Il s'abat sur lui pour mourir.

CXVI

« Oui! j'ai soif. Les anciens m'appelèrent Tantale,
Et, mieux que l'hétaïre à l'âme impériale,
Sans être fatigué, je suis inassouvi.
L'Impossible est un spectre assis près de ma couche.
Mais, que dis-je, Hermosa! Laisse ta belle bouche
      Sourire à mon baiser ravi! »

CXVII.

Il se parlaient tout bas. Dans le brouillard nocturne
Le palais, sur les flots, s'éleva taciturne,
Le portique s'ouvrit : ils rentrèrent tous deux
Rien ne semblait changé sur leurs nobles visages
Aux degrés se pressaient des flambeaux et des pages
      Et tout se referma sur eux

CXVIII.

Pour ceux qu'ils invitaient à leurs fêtes royales,
C'étaient deux jeunes gens insouciants et pâles
A peine échangeaient-ils un coup d'œil tristement
Quelquefois. Un beau jour, Don Juan dit : « O ma belle!
Je t'abandonne. » — « Ami! c'est bien, » répondit-elle.
      Répondit-elle à son amant

CXIX.

Elle ajouta, pensive   « Et la bohémienne
Qui prédisait ta mort à l'heure de la mienne ? »
Mais Don Juan lui sourit du haut de ses amours!
Le lendemain matin, sans larmes, ils se dirent.
« Adieu ! » Dans un baiser leurs cœurs se confondirent
            Avec ces deux mots   « Pour toujours. »

CXX.

Quand le premier amant s'en va, secousse rude
Pour une femme! — ennuis, dégoûts et solitude!.
Son bouquet le plus riche à jamais est fané .
Un autre amour bientôt fait oublier, sans doute,
Mais peut-elle jamais revenir sur sa route
            Et ravoir ce qu'elle a donné ?

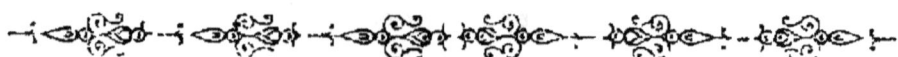

COMPASSION

I

MUSE, quel admirable et rare privilége !
Elle haussait, d'instinct, ses épaules de neige
Devant ce que la vie offre d'ennuis impurs,
Elle accueillait, statue aux formes souveraines,
D'un sourire écrasant les misères humaines
Et les chagrins des jours obscurs.

II.

L'angoisse et les terreurs jadis l'avaient bercée :
Quant à la solitude, elle en était lassée ;
Nos vains mots, les douleurs, les peines, les regrets
L'effleuraient sans laisser sur elle plus de trace
Que le vol des vautours n'en laisse à la surface
        De l'Océan aux noirs secrets.

III.

Ce n'est pas qu'elle fût de ces âmes vulgaires
Que rien ne peut froisser et qui ne sentent guères
Le prince à son insu, chaque jour, doucement
Ornait et polissait les moindres avantages
De cet esprit formé d'élégances sauvages,
        Comme on cisèle un diamant,

IV

Et sa force sur elle avait déteint, du reste.
Quand il voulait parler, son regard et son geste
Scandaient profondément ses termes dédaigneux :
Hermosa l'écoutait, et sa nature exquise
S'éleva, jusqu'à l'heure où par degrés soumise,
        Tout se définit à ses yeux.

V.

Ah! fille du bandit, belle vierge profane,
Comme tu sentis bien tes bras de courtisane
S'ouvrir pour saluer dès lors ton univers !
Comme ton cœur bondit, dans ta poitrine dure,
Quand tu compris enfin que toute la nature
         S'offrait à tes baisers amers !

VI.

Oui, comme le manteau de cette Déjanire,
Le passé te brûlait ; mais devant ton empire
Tu le saisis soudain dans son dernier repli ;
Et, crispant tes doigts blancs sur ton torse insensible,
Tu l'arrachas d'un coup et le jetas, paisible,
         Dans les cachots sourds de l'oubli.

VII

Un seul but désormais détermina sa vie :
Epuiser à longs traits les coupes d'ambroisie,
Les délires sans freins, les larges voluptés ;
Ne chercher dans l'amour aucune autre espérance
Que celle du plaisir, et s'abstraire en silence
         Du reste des réalités.

VIII.

Même aux bras tressaillants du spasme qui l'oppresse,
Sourire, impénétrable et froide enchanteresse !
Recevoir des baisers, mais n'en donner jamais,
Aimer pour elle seule et sans livrer son âme,
S'estimer, quant au reste, au dessus de tout blâme.
      Mourir jeune et dans un palais,

IX.

Voilà le rêve ! Alors de ses mains gracieuses,
Sans perdre à s'attrister les heures précieuses,
Envoyant aux beaux jours comme un dernier adieu,
Elle entra dans le monde avec son diadême
D'incroyables beautés, maîtresse d'elle-même,
      Calme, sous les regards de feu.

X

— Ses multiples amours ? ils avaient une cause .
Son admiration perdue en toute chose.
Un seul ne devait plus remplir ce cœur blessé
Ni suffire à combler le vide de son âme..
Qui pourrait contenter pleinement une femme
      Avec Don Juan dans le passé ?

XI.

Elle aimait à changer d'amours, la belle fille !
Ce ne fut point Laïs qui raille et qui gaspille,
Ni Circé l'épuisante aux dédains irritants,
Ni Danaë non plus : ses fêtes triomphales
Etaient simples toujours ; aux questions vénales
      Elle savait sourire à temps.

XII.

Lorsque, pour exciter la langueur qui repose,
Elle bougeait les plis de sa bouche de rose
D'un certain air ému plein de lascifs plaisirs,
Et qu'alors ses amants, pris de pâleurs subites,
Chancelaient à ses pieds, fous d'amours sans limites
      Et de frissons et de désirs ;

XIII.

Elle s'abandonnait volontiers, par mollesse,
Aux troubles sensuels d'une nuit de jeunesse :
Mais, s'ils espéraient d'elle un amour plus parfait,
S'ils lui cherchaient une âme à qui donner leurs vies...
Un masque de silence et de glaces polies
      Aux premiers mots leur souriait

XIV.

Ne savait-elle pas que toute une existence
De joie ou de douleurs, de haine ou d'espérance
Dépend du souvenir des rêves défleuris?
Que, s'il ternit le ciel de nos amours premières,
Il jette tristement ses ombres funéraires
      Sur les destins qu'il a flétris?

XV.

Ah! Don Juan les aimait toutes ces jeunes mères
Qui pleuraient, après lui, leurs bonheurs éphémères.
Désastres et tombeaux! Il passait indompté;
Il parlait; il s'ouvrait à leurs âmes fidèles...
Et si c'étaient pour lui des fantômes, pour elles
      Il restait la réalité.

XVI.

Or, voyant bien qu'un seul ne pouvait satisfaire
Ni dominer sa vie, elle aimait mieux se taire.
Gardant sa liberté, comme on garde un trésor,
Elle ne voulait pas d'expansion plus tendre...
Ils auraient trop souffert de ne pas la comprendre
      En la voyant changer encor!

XVII.

Certes, elle tenait de l'Aspasie antique,
La réelle Astarté, déesse de l'Attique.
J'admire cette femme au solide conseil,
Qui savait délasser, aux nuits des Olympiades,
Socrates, Périclès, Phidias, Alcibiades,
   Et rester déesse au réveil.

XVIII

Aussi, loin des salons ducals de l'Italie,
Les plus grands sous le ciel formaient sa cour choisie;
Et, grâce à je ne sais quel tact délicieux,
Peintres, musiciens, savants, sculpteurs, poètes
Se trouvaient, chaque fois qu'ils sortaient de ses fêtes,
   Plus grands, plus fiers et plus heureux.

XIX.

O soirs étincelants! Les vases de porphyre,
Les flambeaux et les fleurs, les frais éclats de rire,
Les pages ingénus et leurs blancs lévriers,
Les flots de soie et d'or, les belles filles brunes
Aux bras des jeunes gens, dans l'ombre des lagunes,
   Descendant les grands escaliers!

XX.

O Venise! aujourd'hui ces choses là sont mortes!
Les aigles noirs d'Autriche et ses pâles cohortes
Posent le pied sur toi, noble fille des mers.
Sur des lauriers jadis ta liberté vaillante
Riait de voir flotter sa ceinture odorante :
      Au lieu de fleurs, pourquoi des fers ?

XXI.

Jadis, on te voyait dans toute ta richesse!
Tu dormais sur ta foudre, ainsi qu'une déesse ·
Et tes vaisseaux voguaient dans leurs libres parcours ·
Ta double renommée émerveillait l'histoire ·
L'étranger s'exaltait aux récits de ta gloire,
      Comme aux récits de tes amours.

XXII.

O Venise! ô puissance! ô poussière! tout passe.
Tes enfants les aimaient ces romances du Tasse
Sous tes arches de marbre aux échos disparus...
Mais ta gloire s'oublie, et, sur leurs vagues brunes,
Le soir, en sillonnant les détours des lagunes,
      Tes gondoliers ne chantent plus!

XXIII.

— Mais parfois la dolente et pâle désœuvrée,
De triomphes, de bals et de luxe enivrée
S'enfermait toute seule en son deuil soucieux;
L'anxiété planait sur sa mélancolie,
Elle sentait rouler sur sa joue appâlie
   Les pleurs touchants de ses beaux yeux.

XXIV.

Elle prenait alors sa harpe aux cordes graves
Et, sous ses doigts, froissait en préludes suaves
Un accord de canzone au rythme oriental :
L'arpège ailé vibrait, et la musicienne
Elevait mollement sa voix éolienne,
   Sa voix au timbre de cristal.

XXV.

Elle revenait vite aux luttes sompteuses!
Des bouquets de minuit les fleurs voluptueuses
S'effeuillaient sur sa couche au faste éblouissant,
Et, pareil au renard du jeune Spartiate,
Le plaisir, sans laisser de visible stigmate,
   Rongeait sans bruit son buste blanc

XXVI.

Deux ans s'étaient passés dans cet air insalubre
Qui délabre et qui tue ; un malaise lugubre
La saisit tout d'un coup: c'est la commune loi.
L'extase la brisait trop longtemps contenue.
Elle entendit la mort, dans l'ombre intervenue,
      Lui dire à l'oreille : « C'est moi. »

XXVII.

« Déjà ! dit-elle ; eh bien, l'ange de l'épouvante
« Peut venir, j'ai vécu, j'attends, je suis contente.
« Adieu flots et pays où dort la Volupté!
« Je ne vous dirai plus qu'une seule parole :
« Regardez ! je meurs jeune et cela me console.
      « Au moins je meurs dans ma beauté. »

FIN DE HERMOSA

LES PRELUDES

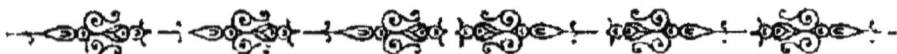

I.

UNE FAÇON D'IMITER M DE POMPIGNAN.

« Cris impuissants ! fureurs bizarres !
Tandis que ces monstres barbares. »
(M LE FRANC DE POMPIGNAN)

(En reponse a des toasts et a des journaux d Angleterre
juillet 1858.)

ANGLAIS, vous avez fait des choses méprisables ·
Vous avez insulté, par des mots flétrissables.
Un drapeau devant qui vous avez tremblé tous.
Tenez, en vérité, ces choses-là sont lâches .
Fouillez ses nobles plis pour y chercher des taches.
Vous n'y trouverez que des trous.

Le drapeau d'un pays, c'est le pays lui-même.
Le nôtre est des héros le suaire et l'emblème,
Le frein de l'étranger et l'honneur du soldat.
Ce sont les aïeux morts qui regardent dans l'ombre,
C'est un autel debout délivré d'un joug sombre :
      C'est notre cœur enfin qui bat.

De tout temps, quel qu'il fût, sous ses couleurs aimées
Il fit flotter l'honneur au front de nos armées.
Il put être vaincu parfois, jamais flétri ;
Et, lorsqu'on vient encore outrager sa vaillance,
Notre vieil étendard se déploie en silence
Et fait signe aux canons de répondre pour lui.

Le véritable nom que portent, dans la vie,
Bourbon, Napoléon, Valois, c'est la Patrie.
Qu'importe aux grands pays la couleur du drapeau ?
Aigle ou fleurs-de-lys d'or, c'est l'affaire des âges,
Ces héros ennemis, frères par leurs courages.
      Dieu les réunit au tombeau.

Pourquoi ces vains défis, ces clameurs insensées ?
Nous savons ignorer bien des choses passées.
Il faut laisser l'histoire en son linceul d'horreur ;
A quoi bon remuer de communes poussières ?
Oh ! ne nous vantez plus le crime de vos pères
L'opprobre d'un geôlier au front d'un empereur.

Puisqu'il repose enfin sur les bords de la Seine,
Faites sonner moins haut, Anglais de Ste-Hélène,
Vos courages tardifs. Ne le reveillez pas ;
Ne le reveillez pas dans son grand lit de pierre.
La France est quelquefois trop près de l'Angleterre. .
    Anglais, Anglais, parlez plus bas !

ENVOI.

PRES d'un berceau repose un glaive
    Il faut attendre qu'il ait lui ;
    Un trône, pour celui qui rêve,
    Un trône est bien sombre aujourd'hui !
Faîte des vanités humaines,
A ses pieds saignent bien des haines
Souvent il voile bien des peines !
La foule obscure reste au seuil :
Sapin couvert d'hermines blanches,
Il a sceptre et lauriers pour branches
Il est formé de quatre planches,
 Absolument comme un cercueil.

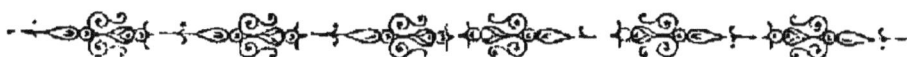

II.

NATURA DIVINA

L'AUBEPINE a fleuri sur les collines vertes,
Et le vent du matin, dans les plaines désertes,
Entr'ouvre, en les penchant, les roses de la nuit.
Les roses de la nuit, comme des auréoles,
Le long des buissons noirs inclinent leurs corolles;
Et dans l'herbe, à leurs pieds, le bluet se flétrit.

Le buisson cache au ciel, à la pluie, à l'aurore,
Le bluet qui dessèche et que la soif dévore.
Les roses de la nuit, elles, le savent bien !
Aussi, faisant semblant de plier au murmure
Des papillons-zéphyrs, leurs don Juans du matin,
Elles ont un regard distrait pour sa verdure :
Et ce regard suffit pour qu'il vive, ô Nature!
Car il laisse tomber une larme, une eau pure
      Qui l'apaise jusqu'à demain.

III.

HIER AU SOIR

——— · ———

TU relis chaque soir tous ces penseurs moroses :
« Savent-ils le secret du Seigneur mieux que toi ?
« Vaut-il mieux contempler les hommes et les choses
« Que de s'en venir avec moi ?

« La gloire, tu le sais, n'est qu'un peu de fumée;
« Les myrtes, mon ami, sont arrosés de pleurs :
« Viens plutôt dans mon ombre, avec ta bien-aimée!
      « Dans l'ombre on trouve encor des fleurs. »

— Et moi je souriais de la voir si jolie.
J'avais tant de bonheur que j'étais tout tremblant :
Puis je prenais sa main, sa chère main pâlie,
      Et je l'embrassais doucement.

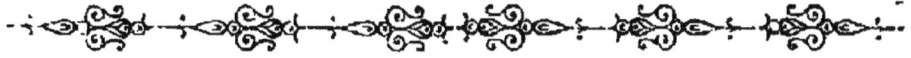

IV.

PRIMAVERA.

———————

VOICI les premiers jours de printemps et d'ombrage,
     Déjà chantent les doux oiseaux ;
Et la mélancolie habite le feuillage
Les vents attiédis soufflent dans le bocage,
     Et font frissonner les ruisseaux.

Et les concerts légers que le printemps ramène
   Avec ses rayons et ses fleurs;
Les troupeaux mugissants, la verdoyante plaine,
Et les blancs papillons qui respirent l'haleine
   Des violettes tout en pleurs;

Et l'air nouveau chargé de parfums et de vie,
   L'azur où luit le soleil d'or,
Réveillant de l'hiver la campagne ravie,
C'est toute une prière où le ciel nous convie
   A nous sentir jeunes encor.

Entends les mille voix de la nature immense;
   Elles nous parlent tour à tour.
Ma belle, on les comprend souvent sans qu'on y pense.
Le rayon nous dit: « Dieu! » la nature: « Espérance! »
   La violette dit: « Amour! »

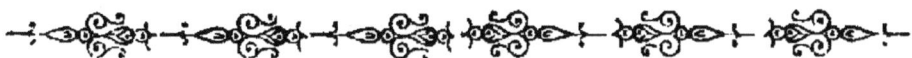

V

A SON CHEVET.

———— ——

SOUVENT je viens ouvrir de nuit ta porte close :
J'admire la langueur charmante de ta pose,
Tes formes sous les plis voilant leur nudité.
Que j'aime à regarder mon amour qui repose
Dormant dans sa beauté !

Ton sommeil est empreint de douceur gracieuse,
Ta bouche est souriante et s'entr'ouvre à demi,
Ta bouche de corail! Dans l'ombre, la veilleuse
Projette, en vacillant, une lueur douteuse
      Sur ton visage ami.

Je dis, voyant tes bras croisés sous les dentelles :
« Ma malade exilée a ployé ses deux ailes...
« Puisse son âme, enfuie un moment d'ici-bas,
« Aux jardins idéals cueillir des immortelles !...
      « Oh! ne t'éveille pas! »

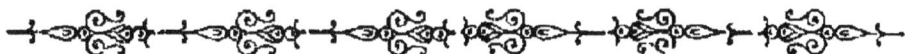

VI.

LE CHATEAU DE SEID.

I.

'ETAIT un château-fort tout proche des Espagnes
Dont les créneaux moussus tombaient de vétusté :
On eût dit un géant, sombre enfant des montagnes
Sublime de silence et d'immobilité.
Il restait sur son socle entrelacé de lierres,
Groupe informe de rocs, de gouffres et de pierres,
Montagnes et rochers, c'était son piédestal ;
Et la neige du ciel couvrait de ses suaires
Les pieds du monstre colossal.

II.

Il dormait, ou veillait. O splendeur des ruines!
L'ouragan reculait devant le vieux manoir,
Et lui, gros de passé, dominant les collines
A la foudre en furie opposait son front noir.
Au loin, dans les vallons tout frissonnants d'ombrages,
Les rayons du soleil doraient les verts feuillages;
Les hêtres chevelus abritaient le pastour;
Et souvent y chantaient les colombes sauvages
    Aux doux gémissements d'amour.

III.

Mais le manoir, chargé de grandeur menaçante,
Gardait comme un vieillard son silence et sa nuit,
Et sur les murs brisés de sa tête croulante,
Le lugubre hibou hululait dans son nid.
Pour remparts, il avait les rocs des Pyrénées,
Pour fossés, les torrents; pour faîte, les nuées,
Où son front se perdait lorsque tombait le soir
Il se tenait debout avec ses destinées,
    Calme comme le désespoir.

IV.

D'austères visions passent sur vos décombres.
Où parle le silence à l'homme qui frémit,
O vous, des souvenirs cariatides sombres!

O castels crevassés dans vos murs de granit !
Car l'ogive se tord en mauresques spirales
Sur vos trèfles de bronze aux formes sculpturales...
Et le marbre Abasside, oublié seul du temps,
Estompe leurs contours d'armes orientales,
          Sceau d'une race de géants (*).

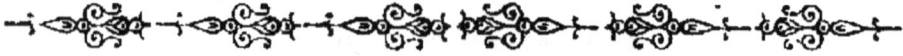

VII.

AURORE

. —

L ES chevreuils élancés s'amusent dans les bois;
La Solitude habite, avec toutes ses voix,
    Les forêts aux profondeurs vertes;
Et les petites fleurs contentes, au vallon,
Regardent dans le ciel si quelque papillon
    Voit leurs corolles entr'ouvertes.

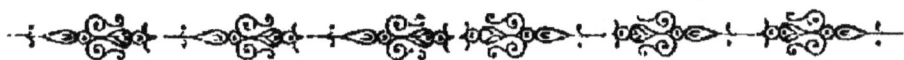

VIII.

A Mᵉ LA COMTESSE DE C

———

MADAME, j'ai passé près de vous une fois;
J'étais bien jeune alors, et vous aussi, je crois.
Nous le sommes toujours, du moins par les années:
Elles ont effleuré votre front, étonnées
De se sentir voler si légères sur lui:
Il est resté charmant, mais le mien a vieilli.

Pourtant vous êtes mère, et si la belle joie
De froisser dans le bal le velours et la soie,
De baiser le front pur de vos petits enfants.
De promener sur tous des regards triomphants
Comme une jeune reine, enfin, calme et pensive.
Si d'effeuiller ainsi cette fleur fugitive,
Aux suaves parfums, qu'on nomme le bonheur,
Si tout cela vieillit avant l'âge, le cœur,
Vous devez commencer à connaître la vie.
Moi, c'est une autre fleur que personne n'envie,
Que, tout seul, j'ai cueillie aux ronces du chemin ;
Il fallait pour la prendre ensanglanter sa main :
Je n'étais qu'un enfant, je l'ai prise, Madame .
Et, depuis, son parfum amer vieillit mon âme.
Pourtant, je l'aime encore : elle est là sur mon cœur
Ne la cueillez jamais, on la nomme · Douleur !

IX.

DE PROFUNDIS CLAMAVI

« Une Croix et l'oubli, la nuit et le silence ! »
(ALFRED DE MUSSET.)

1.

CHARMANTS églantiers ! soleil, rayons, verdure.
Frais salut que la terre offre dans un murmure
De zéphyrs renaissants aux cœurs emplis d'espoir,
Bocage encor tout plein de chastes rêveries,
Six mois se sont passés loin de vos fleurs chéries :
J'avais besoin de vous revoir.

Oh ! vous souvenez-vous, forêt délicieuse,
De la jolie enfant qui passait gracieuse
Souriant simplement au ciel, à l'avenir,
Se perdant avec moi dans ces vertes allées?
Eh bien ! parmi les lis de vos sombres vallées,
   Vous ne la verrez plus venir.

O printemps ! ô lilas ! ô profondes ramées !
Comme autrefois, vos fleurs qu'elle avait tant aimées,
Sous vos sentiers déserts exhalent leurs amours ·
L'aubépine s'enlace au banc de la charmille,
L'oiseau chante, le ciel est bleu, le soleil brille ;
   Rien n'a changé dans les beaux jours !

Silencieux vallon ! cela n'était qu'un rêve,
Un songe radieux qui maintenant s'achève
Et ne laisse après lui qu'un amer souvenir..
Ne me demandez pas ce qu'elle est devenue,
La pauvre jeune fille en ce monde venue
   Pour consoler et pour mourir !...

Morte ! et je suis encore en proie à l'existence !
C'est donc cela la vie? Et déjà mon enfance
A-t-elle disparu loin de ce cœur brisé ?
Seigneur, vous êtes grand, mais vous êtes sévère !
Ainsi, me voilà seul : c'est fini sur la terre ;
   Cela s'appelle : « le Passé. »

II.

Hélas! je me souviens. — Les vents, au sein des ombres,
Du fleuve harmonieux plissaient les vagues sombres,
Les chants ailés du soir s'étaient évanouis;
Et la lune, en glissant parmi les blancs nuages,
Souvent illuminait les teintes des feuillages
          Du clair-obscur des belles nuits.

Le rossignol, caché sous l'épaisse feuillée,
Modulait les soupirs de sa chanson perlée;
Les fleurs, dans leurs parfums, s'endormaient tour à tour,
Et, comme deux rayons réunissent leur flamme,
Tous deux nous unissions nos âmes dans une âme,
          Et nos deux cœurs dans notre amour.

Comme son joli pied se posait sur la mousse!
Comme sa chevelure était soyeuse et douce!
Nous allions, enlacés, sous les hauts peupliers
Elle avait dix-sept ans; j'avais cet âge à peine.
Souvent le rossignol retenait son haleine
          En écoutant nos pas légers.

Et moi je contemplais mon amante pensive,
Et nous nous en allions, seuls, auprès de la rive,
Sa main sur mon épaule et le front sur sa main,
Et les frémissements de la nuit solitaire
Emportaient dans les cieux, ainsi qu'une prière,
          Tous les doux songes du chemin.

III.

Puis, le réveil! la mort! l'existence qui change!
O Temps! vieillard glacé! qu'as-tu fait de mon ange?
Où l'as-tu mise, hélas! et froide, et pour toujours?
Qu'as-tu fait de l'enfant jeune et pleine de charmes,
Qu'as-tu fait du sourire et qu'as-tu fait des larmes,
          Oh! qu'as-tu fait de nos amours?

IV.

Voyez comme les fleurs viennent bien, près des tombes!
On dirait un bouquet que les jeunes colombes,
Retournant au pays, nous laissent pour adieu.
— Qu'avait-elle donc fait pour mourir la première?
Est-ce un crime de vivre? et l'amour, sur la terre,
          N'est-il pas le pardon de Dieu?

Ne me souriez plus, ô campagne immortelle !
Je suis seul maintenant; si ce n'était pour elle
Je n'avais pas besoin de vos fraîches beautés.
N'ai-je pas vu l'abîme où tombent toutes choses?
Les lis meurent dans l'ombre où se fanent les roses :
          Les cyprès seuls restent plantés.

Elle est sous les cyprès, la pâle jeune femme !
Mon amour triste et fier brûle encor dans mon âme,
Comme une lampe d'or veille sur un cercueil.
Mais, je ne pleure plus : la douleur a ses charmes.
Et d'ailleurs, ô mon Dieu, mes yeux n'ont plus de larmes,
          Et mon cœur seul porte le deuil !

X.

A MON AMI

AMEDEE LE MENANT

— —

I.

AU moment de quitter son enfance fanée,
Quand l'homme voit, soudain, la terre moins ornée,
    Le ciel plus inconnu;
Pour la première fois se penchant sur lui-même,
Il se pose en rêvant la question suprême :
    « Pourquoi suis-je venu ? »

II.

Ah! pauvre matelot! Loin des bords de la vie
Tu t'arrêtes, cherchant quelle route a suivie
          Ta barque au sillon bleu.
Mais le flot sourd l'entraîne, et sans cesse l'égare.
Dans la brume des mers, le Destin, sombre phare,
          Soulève un doigt de feu.

III.

Derrière lui, bien loin, presque sur les rivages,
Déjà le rameur voit voltiger des images
          Aux fronts purs et voilés :
Une mère, une sœur, même la fiancée...
Parfois il se souvient qu'une terre glacée
          Clôt leurs yeux étoilés.

IV.

Et ce sont les adieux d'autrefois : les mains blanches
Qui lui serraient la main ; les baisers sous les branches,
          Et les jeunes amours...
Mais, pour voguer plus seul vers de plus vastes plages,
En détournant la tête il déchire ces pages
          Du livre de ses jours.

V.

Alors, c'est la tempête aux souvenirs funèbres.
Le malheur, près de lui nageant dans les ténèbres,
    Le suit comme un ami;
Et, fermant ses yeux las, si le marin sommeille,
Le malheur vient s'asseoir au gouvernail, et veille
    Sur son homme endormi.

VI.

Il nous faut bien lutter contre l'homme et l'espace !
Car perdus tous, parmi la tourmente qui passe
    En courant dans les cieux,
Pour supporter le poids des communes misères,
Au lieu de s'entr'aider, tous les humains, ces frères,
    Se haïssent entre eux.

VII.

Les uns, insouciants, dans leurs manteaux se couchent
Et s'en vont. Il en est dont les barques se touchent
    A deux on est plus fort;
Et, cherchant dans l'amour un refuge suprême,
Seuls ils voguent en paix sans effroi ni blasphème,
    Vers l'insondable port.

VIII.

Mais celui qui regarde, intrépide et tranquille,
Les hommes et les flots, à qui la mer stérile
            Toujours offre un écueil,
Il s'y dresse en silence et lutte solitaire.
Toute voile pour lui n'est au fond qu'un suaire,
            Tout esquif qu'un cercueil.

IX.

L'ancre qu'il veut jeter la foudre la dénoue,
Enfin, pâle, il saisit son cœur et le secoue...
            Et toute illusion,
Espérance, amitié, charité, foi sublime,
Tombent autour de lui. — Naître, serait-ce crime
            Ou malédiction? —

X.

Seul alors, le vieillard abandonnant la voile,
Livre aux flots de l'oubli, cette mer sans étoile,
            Sa nef aux mâts brisés...
Jusqu'à l'heure où, laissant tomber au fond de l'urne
Un sablier de plus, le Destin taciturne
            Dans l'ombre dit . « Assez. »

XI.

L'onde parle tout bas aux rives qu'elle effleure,
Et l'on entend toujours, sur l'Océan qui pleure,
        Le vent sombre qui fuit,
Et chaque aurore vient éclairer, ô mystère!
Les chants insoucieux des enfants de la Terre
        Qui partent pour la Nuit!

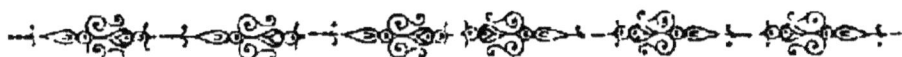

DECOURAGEMENT

———

ENCORE, loin d'un siècle immonde,
Libre et seul dans les bois déserts,
Si j'avais pu venir au monde
Aux premiers jours de l'Univers ;

Quand sur sa beauté découverte
Eve promenait son œil bleu,
Quant la terre était jeune et verte,
Et quand l'homme croyait à Dieu !

Aux accents de l'hymne sacrée
Que chantait sous le grand ciel nu
Toute chose à peine créée
A son Créateur inconnu;

J'eusse espéré, simple et docile !
Car, en ces temps évanouis,
Croire n'était pas difficile...
Mais le monde a changé depuis.

Aujourd'hui, nous n'avons à suivre
Qu'un chemin hier déjà battu...
Qu'est-ce, hélas! maintenant, que vivre?
— Se souvenir qu'on a vécu. —

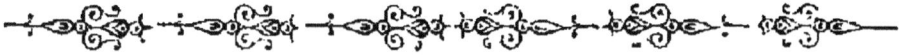

XII.

SUR UN ROCHER

PLENDIDE était la nuit, les reflets des étoiles
Se roulaient dans les flots, et les flots allanguis
Balançaient mollement au loin les blanches voiles,
Comme des goelands sur la brise endormis.
L'astre du soir voilait, sous de pâles nuages,
Les rayons tamisés de ses ombres d'argent;
La chanson des pêcheurs, qui nous venait des plages,
Sur la vague charmante ondulait en mourant.

La houle bruissait comme un soupir immense,
Mais si doux qu'on eût dit un murmure d'amour :
La Nuit et l'Océan s'aimaient, et l'espérance
Semblait parler de Dieu mieux que dans un beau jour
Les matelots dormaient, bercés par la nature,
Pareils à des enfants sur le sein maternel :
Vénus, à l'horizon, brillait puissante et pure,
A peine on entendait dans ce vaste murmure
Le bruit silencieux du sanglot éternel.
— En face de la Nuit aux profondeurs sublimes
Ne sentez vous donc pas, ô mortels, — ô victimes, —
Des étourdissements en regardant le Ciel?

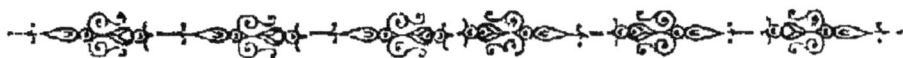

XIII.

LASCIATE OGNI SPERANZA.. ..

> « — Voici le temps venu d'enterrer les bonnes et les mauvaises
> « chansons
> « Allez me chercher un grand cercueil, qu'il soit grand comme
> « la grande tour de Heidelberg, et amenez-moi douze géants pour
> « le porter et le jeter à la mer.
> « — A un aussi grand cercueil, il faut une grande fosse.
> « — Savez-vous pourquoi il sera si grand et si lourd ?
> « J'y déposerai, en même temps, mon amour et mes souffrances »
>
> (HENRY HEINE.)

A L'HEURE où, pour briser son verre sur le mur,
L'Orgie aux yeux plombés lève sa main fatale,
J'ai cessé d'oublier, dans un tumulte impur,
Celle qui dort, tranquille et pâle.

Adieu, toi que ma voix ne réveillera plus!
Dans ta fosse j'ai vu mon enfance te suivre .
Pour les cœurs vraiment grands, les grands chagrins vécus
Encouragent à vivre.

Loin de moi cette foule aux bégaiements confus!
Mon esprit est semblable aux rochers, dont les cimes,
Voyant s'enfuir les flots, penchent leurs antres nus
Sur leurs propres abîmes.

Adieu donc, jours d'enfance, ô beaux jours pleins d'espoir !
Muse, ne sais-tu pas des chansons immortelles?
Viens! l'aiglon pour planer n'a besoin que de voir
L'immensité devant ses ailes!

FIN DES PRELUDES

CHANT DU CALVAIRE.

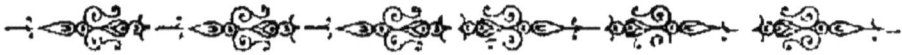

CHANT PREMIER.

LAMMA SABACTANNI.

I.

'ETAIT jour de Vénus. Les proconsuls d'Asie
Avaient, au nom des Dieux, ordonné le plaisir ;
Et dans Jérusalem, selon sa fantaisie,
L'athlète insouciant s'épuisait à loisir.
Les Anciens respiraient des voluptés ardentes
Aux tièdes atriums où dansaient des bacchantes,
Les disques franchissaient l'espace dans les jeux,
Les myrtes frissonnaient aux poings victorieux.

— L'esclave ce jour là, sous la toge romaine,
Avait droit de cacher ses fers et son malheur. —
De gais petits enfants s'ébattaient dans la plaine
Jetant au pédagogue un sourire moqueur.
Aux creux des frais vallons, étendus sur la mousse,
Les disciples rhéteurs écoutaient gravement
De leurs sages vieillards la voix profonde et douce ;
Sur l'herbe, un peu plus loin, c'était tout autrement
Vénus prenait toujours son Bacchus pour amant.
Gelboë, Golgotha, les paisibles montagnes,
Suspendaient leurs troupeaux au dessus des campagnes,
Sur une butte sombre, auprès du Golgotha,
Seule, entre deux gibets, une croix se dressa.

C'était jour de Vénus ! Loin des coutumes juives,
Blanches, dans leurs péplums, les vestales pensives
S'accoudaient aux autels dans leurs temples captives.
Leur déesse de marbre était froide toujours.
Sur le trépied d'argent de la salle nocturne
La flamme solitaire étincelait dans l'urne
            Comme un reflet de leurs amours.

Et le soleil dorait les bois de sycomores,
Mille zéphyrs couraient dans les feuilles sonores,
Aux impluviums coulaient les vieux vins des amphores,
La pureté des cieux bleuissait l'horizon ;
Les moissonneurs dormaient couchés près des faucilles,
Les jeunes gens riaient avec les jeunes filles
            Sous les oliviers de Sion.

Et cloué sur sa Croix, il regardait la terre...
Pensif, il contemplait la vie et la lumière ;
Sa mère qui pleurait, en bas, sur une pierre ;
Les moissons qui brillaient, les oiseaux qui chantaient.
Penché sur la nature insondable et superbe,
Il vit sous les palmiers, parmi les fleurs, dans l'herbe,
    Le petits enfants qui jouaient.

Et tout était heureux ! tout, même les esclaves.
Il leva vers la mort ses beaux yeux bleus et graves
Les deux voleurs luttaient secouant leurs entraves ·
L'heure sourde passa sans bruit dans l'infini ,
Alors, il inclina son front sur sa poitrine
Et cria, d'une voix expirante et divine ·
    « Héli ! Lamma Sabactanni ! »

      II.

Soudain le jour tomba sous un flot de ténèbres
Les trois gibets, tremblants sous leurs fardeaux funèbres,
Craquaient dans l'ombre au vent. Sur ses vagues regards
L'Agonie étendait ses mains ensanglantées ;
Sur la colline, où les trois croix étaient plantées,
Une lueur ombrait de teintes argentées
    Les trois crucifiés blafards !

Des sépulcres brisés sortaient des cris étranges;
De rapides éclairs luisaient, glaives d'archanges,
Le sang rougissait l'arbre humide de sueur,
Et la nuit éteignait les feux d'or de sa voûte,
Et les cieux s'étendaient profonds comme le doute.
Les astres vacillaient hésitant sur la route;
     Tout était scandale et terreur!

Oh! qu'avait-il crié, du haut de sa souffrance,
Dans ces mots inconnus? — Puis, l'homme au coup de lance
Arriva: mais le Christ était inanimé.
Emportant dans la mort le mot de son mystère,
Le Fils de l'Homme avait abandonné la terre.
— Et pour nous, c'était bien fini sur le Calvaire.
     Seigneur! tout était consommé.

On dit qu'alors, brisant les voûtes de ses nues,
Un pan du ciel ouvrit ses splendeurs éperdues.
— Invisible aux humains remplis d'obscurités,
Dieu rayonnait, au fond, sur son œuvre éclatante.
L'Univers s'arrêta dans une affreuse attente,
Et la nuit elle-même, ainsi qu'une Epouvante,
     Recula devant les clartés.

Sur les sphères d'azur que la lumière embrase,
Les séraphins penchés, ensevelis d'extase,
De leurs âmes d'amour étoilaient les autels:
Et leur vue apaisa les anges des ruines;
Et les sombres accords de leurs lyres divines
Accompagnaient le nom du couronné d'épines
     Dans leurs cantiques immortels.

III.

— O Ténèbres! — Ainsi, vos sphères suspendues
Sur l'abîme, à ce cri ne sont pas descendues?
Et n'ont pas foudroyé cette création,
Ni fait sombrer la Terre au sein des Etendues?
Cependant, aux clartés de leur destruction,
Les enfants de Caïn auraient lu ton vrai nom,
Jéhovah! — l'homme, au moins, à cette heure dernière
Eût connu le secret de sa propre poussière!
Depuis l'instant fatal de son premier soupir,
Que fait-il, ici bas? — Oublier et souffrir! —
Est-ce vivre, ignorer la raison de sa vie
Et, sans savoir pourquoi, hors d'un néant chassé,
Marcher dans un exil, seul triste et délaissé,
Où sa fierté d'archange, à jamais avilie,
Se traîne sous le poids de sa mélancolie!
Où, par ce qu'il naquit, au hasard, dispersé
Selon le coin de terre appelé la patrie,
Il doit, — fantôme obscur de crime et de folie, —
Changer de conscience en changeant de passé!
Il doit, sans trop savoir s'il prie ou s'il blasphême,
Et toujours et toujours allumer pour lui-même
Le flambeau d'un *Peut-être*, incertain et suprême?...
A l'heure de la mort, fatigué d'abandon,
S'il se tourne vers toi, Dieu calme du pardon,

Est-ce parce qu'il croit ? — Le dernier mot du Doute
C'est la voix qui murmure à son oreille : « Ecoute!
Ce fut peut-être un Dieu : — c'est peut-être un Sauveur... — »
— Car nous avons le Doute enfoncé dans le cœur.

— Ils ne sont plus les jours où la force romaine
Envoyait aux bûchers la raison souveraine
De par ces guerriers lourds, au Glaive tout-puissant,
Qui teignaient leurs blasons dans une pourpre humaine
Et ne savaient signer leurs noms qu'avec du sang !
— La Croix les aveuglait de ses lueurs profondes
Et, sans les éclairer, ils en brûlaient les mondes!
Mais il nous reste, à nous, bien d'autres faux-vivants
Plus fastidieux encor... — Ce sont de grands savants !
— Seuls, sur notre ruine, ainsi que des orfraies,
Choisissant pour jalons des ossements épars,
Ils ont disséqué Dieu, les funèbres vieillards !
Et, comptant et sondant et recomptant ses plaies,
Leurs scalpels avilis ne sont que des poignards !
— A quoi bon les juger ? Qui sait le fond des choses ?
Tous, vers le but commun, marchent dans leur sentier.
— Du mal qui nous gouverne, où sont les seules causes ?
Un peu de vrai qu'on prend pour le vrai tout entier!

Regardons à nos pieds, sans faire trop d'emphases!
La croyance divine a tremblé sur ses bases.
L'or ne sonne-t-il pas tous ses glas triomphants ?
Au souffreteux caduc on vend la jeune fille
Et, dans un vil tripot, les pères de famille
Jouent, sous les yeux de tous, le pain de leurs enfants!

Voyez! les jeunes gens sont courbés avant l'âge!
Le plaisir sans grandeur! L'orgie au plat visage,
Avec le peuple, en bas, qui dévore sa rage!
Un pâle tourbillon d'égoïstes blasés!...
— On ne lit plus, on bâille; et l'on vous dit « Passez. »
L'adultère effréné, prodigieux vampire!
Nul ne sachant vraiment, enfin, ce qu'il veut dire;
Des mots n'exprimant rien, des lois qui font sourire
Tristement. Et la haine! et les abus! toujours!...
— Jamais on n'a souffert autant que de nos jours. —
Et tous les malheureux, dont le mépris morose,
Par ce qu'il rit de tout, croit savoir quelque chose,
Nomment ce cauchemard une réalité!
Ils ont raillé, je crois, la sainte probité;
Ce siècle est un pourceau qui laisse sur sa route
Baver son muffle en rût sur le fumier qu'il broute!
Votre mystérieux homme cyrénéen,
Sur l'âpre Golgotha, ne viendra plus, sans doute,
En aide, pour porter la croix de leur destin,
Aux bras exténués des enfants de Caïn!
Cette ébauche est lugubre, amère et véridique!
— On ne s'assombrit plus devant l'Eternité :
On raille!... — et, des rhéteurs pleins de métaphysique,
Si c'est le résultat, certe! il est magnifique!...
— Mais, on est mécontent de vivre, en vérité!

Le penseur, aujourd'hui, n'admet aucun système ·
Le penseur ne croit plus que ce qu'il peut sentir
Son profond désespoir lui dicte ce blasphême,
Et dans un Dieu fait homme il ne voit qu'un martyr!..

— Seigneur, nous contemplons cette seule auréole
Sur ton front couronné d'amour et de mépris :
Reviens donc nous sauver! Ta céleste parole,
En proie à l'agonie où tout espoir s'envole,
Quand tu mourais pour nous, Seigneur, nous l'a promis.
Notre âme s'éblouit de ta divine histoire.
Mais, voyant un linceul sous ta croix, ô Jésus,
Hélas! l'orgueil humain veut comprendre pour croire
Et nous t'admirons trop pour être convaincus.
On sent, en y rêvant, le frisson de l'abîme
Et nous avons conclu, tout prêts à t'adorer:
Si Dieu vint, c'est Jésus qu'il se fit appeler;
Devant son dévouement, douter serait un... crime!..
Courbons-nous donc alors, et tâchons de prier!

FIN DU CHANT PREMIER

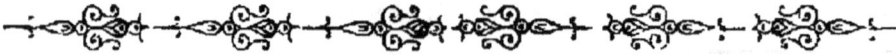

CHANT DEUXIÈME.

———

EUOHE BACCHUS (*).

I.

SOUS les cèdres touffus, près du fleuve, à cette heure,
Pendant qu'aux pieds du Christ la pauvre mère pleure,
Dans la villa de marbre aux escaliers nombreux
Qui baignaient leurs pieds blancs dans les flots amoureux,
De jeunes patriciens, aux tuniques ouvertes,
Faites de pourpre et d'or, de diamants couvertes,

(*) An de Rome 787, VIIIᵉ jour des calendes d'avril : Rubellius Geminus et Fusius Geminus étant consuls : jour de fête. — Tibère âgé
de 19 ans, 10 mois et 20 jours. — De J.-C. 32 ans et demi.

La coupe en main, les yeux épuisés de langueurs,
Couchés au triclinium et couronnés de fleurs,
Te célébraient, Vénus, reine des Saturnales,
Déesse de la nuit! —

II.

— Des courtisanes pâles
Leur versaient le Massique aux arômes brûlants. —
Ces femmes d'Italie! Elles étaient bien belles;
Et comme, en bondissant, leurs poitrines rebelles
Jetaient leurs beaux seins nus hors de leurs voiles blancs!
Leurs cheveux noirs, manteaux luxuriants et sombres,
Emmêlés de grains d'ambre et de perles sans nombres,
Couvraient leurs bras d'albâtre et leurs amants charmés
Des plis voluptueux de leurs flots embaumés.
Comme elles ployaient bien sur leurs hanches lascives!
Sous des baisers de feu leurs lèvres convulsives,
Corolles de corail, se pâmaient mollement
Dans un sourire humide, un long tressaillement...
Les théorbes épars, les luths et les mandores
Tombaient, tout frémissants : sur les dalles sonores :
Et parfois, de la nuit le souffle harmonieux
Frôlait leurs cordes d'or en retournant aux cieux.
Les esclaves d'Afrique, échansons d'ambroisie,
Portaient sur leurs fronts noirs les amphores d'argent :
Les coupes se vidaient en silence, à présent,

Pour raviver l'ardeur de la superbe orgie.
— Vénus raillait Jésus expirant sur la Croix.
La clepsydre laissa couler la neuvième heure...
Alors, dans les jardins profonds de la demeure
Jaillirent des flambeaux. — Sur l'onde, auprès du bois
Sacré, l'on entendit des accords et des voix.

III

HYMNE A VENUS.

CHANT DES ESCLAVES

—

I.

O Vénus au charmant visage !
Du haut de son trône sauvage
Quand Phœbé colore la plage
Sur l'orbe étoilé de la nuit,
Les pêcheurs de corail voient souvent ton image
Qui se baigne en silence, et puis, comme un nuage,
S'évanouit !...

II.

C'est l'heure pâle des mystères.
Les falaises sont solitaires...

Berce sur les vagues amères
L'ombre de ton corps gracieux :
O Vénus, fleur du soir !... Sur les algues légères
Viens poser les rayons de tes molles lumières
Du haut des cieux.

III.

O belle enfant des flots humides,
A toi mes cavales numides,
Mon arc, mon casque et mes chlamydes,
A toi mon cœur, à toi mes jours ;
A toi mes javelots et mes palais splendides,
Et ma maîtresse blanche et mes flèches rapides
Et mes amours.

IV.

DANS LES JARDINS.

SCENE PREMIERE.

Lynceus, enfant de quinze ans; *Sempronia*, courtisane : elle a vingt-six
ans. Ils marchent sous les hauts branchages des cèdres. — Statues.
Le dernier couplet de l'Hymne des esclaves, a Venus, s'affaiblit dans
le lointain.

Lyncéus.

Ils chantent bien, dis-tu ?

Sempronia.

Mais assez bien, je pense,
Pour des esclaves...

Lyncéus, souriant.

Soit, puisque cela te plaît...
Moi, pourtant, j'aime mieux l'air de cette romance
Que l'oiseau du soir chante au milieu du silence,
Aux platanes de la forêt ..
Et toi?

Sempronia.

Peut-être!... Enfant, vois comme la verdure
Est douce sous nos pas, comme la nuit est pure !
Dans la trirème, au loin, s'endorment les rameurs...
Tout se tait !...

Lynceus.

L'amour seul veille encor dans nos cœurs !

Sempronia.

Dieux immortels! La nuit, d'étoiles parsemée,
Entoure l'univers d'une étreinte embaumée...
Oh! sois mon univers, moi je serai ta nuit!

(Elle noue, languissamment, ses bras autour du cou de Lynceus.)

Lynceus.

O ma Sempronia!

Sempronia.

Viens! Vénus nous conduit!...
Vénus brille à travers les branches ténébreuses...
Enfant! je suis heureuse entre les plus heureuses...
Tellement que je souffre.

Lynceus.

Aujourd'hui, ne t'ayant
Jamais vue, ô prodige! il m'a semblé pourtant
Que je te connaissais déjà...

(Ils marchent quelque temps sans parler.

Sempronia, relevant la tête.

Les noirs orages
Ne grondent plus... La lune argente les nuages...
— O fleurs!... — Il faut aimer! Lyncéus, aime-moi...
— La belle nuit!

Lyncéus.

Elle est charmante, comme toi!

(Ils s'éloignent.)

DANS LA VILLA.

Le Triclinium. — Salle d'une architecture de styles divers, selon la
coûtume romaine. — Statues des Dieux asiatiques. — C'est la mai-
son de plaisance préparée pour recevoir les consuls. — Des jeunes
gens de Rome, se promenant en Asie, y ont été reçus avec leur
suite. — Hommes et femmes sont couches sur des litières opu-
lentes, faites de peaux de bêtes sauvages. Ils causent entre eux, en
attendant que l'ivresse ait monté pour célébrer leur fête Augustale.
— Des lampadaires étrusques sont suspendus aux plafonds, dans
les profondeurs des colonnades. — Des chaînettes de fer suppor-
tent d'immenses draperies de pourpre noire d'Orient, teintes trois
fois. — Dans les intervalles des piliers brillent des trophées pris
sur les Barbares. — Au fond, l'autel consacré a Venus-Astarté et a
Lyeus-Bacchus.

Les esclaves noirs, ayant aux pieds et aux poignets des anneaux d'or,
et vêtus d'etoffes antiques, circulent muets et graves. — Des femmes font brûler des parfums.

Les gardes veillent sur les degrés de la villa.

SCENE DEUXIEME.

Hommes : *Le poète Celsus. — Sextus Lucius Marcellus. — Septimus
Marcius Casca. — Sextus Scipio. — Davus affranchi. — Un philosophe cynique.*

Femmes : *Lucilia. — Fulvie. — Bathylle. — Nerée. — Métella. — Cynthia.*

De plus, *les esclaves.*

Les convives ne parlent plus et boivent en silence, entrelacés. — Le
philosophe cynique les observe, adosse contre une colonne.

Sextus Lucius Marcellus, se soulevant.

Magdalena ›

Fulvie.

C'est vrai ! Qu'est-elle devenue ?
Depuis bientôt deux mois personne ne l'a vue.
Elle devient vestale.

Bathylle.

Au fait... c'est un moyen
D'étouffer son ennui.

L'affranchi Davus, à Métella.

Comme elle dansait bien,
Cette fille !

Metella.

Oui.

Sextus Scipio.

Qui peut l'enfermer de la sorte ?

Bathylle.

Qu'est-ce que cela fait : elle est peut-être morte.

Sextus Lucius Marcellus.

Je regrette son œil limpide et son bras blanc,
Et surtout son esprit gracieux et puissant.
— Ce fut sous le préteur Pontius, dans Rome, aux Ides
De mars ; alors j'étais du Sénat. Les subsides

Des milices du Nord me revenaient. J'y pris
Mille sesterces d'or, et je lui les offris.
Séjan, ce personnage aux paroles avides,
La voulait comme moi. Puissent les Euménides
L'étrangler, si c'est lui qui la tient, et Caron
Lui refuser l'obole aux bords de l'Achéron !
Elle me coûta peu ; son âme était jolie.
Certes, je l'aimais presque.

Neree.

Etonnante folie !
Et comment tout cela finit-il ?

Sextus Lucius Marcellus.

Comme tout
Finit... On ne sait pas. — Heuh ! l'ennui, le dégoût
De moi. — J'ai soif !

(Un esclave remplit sa coupe.)
Ce Ponce a du vin très sublime !...
Il fait preuve d'un goût !. . Le drôle a mon estime.

(Il boit. — Lucilia lui parle a voix basse.)

Sextus Lucius Marcellus a Lucilia.

Par Vénus ! pas encore. On doit se reposer.

(Lucilia s'eloigne. — Il continue de boire.)

Cynthia, près des balcons suspendus, au poete Celsus.

Le vent du soir est tiède et doux comme un baiser.

Le poète Celsus.

Cynthie, écoute moi !... Ta bouche qui murmure
Est comme une grenade ouverte : est-elle mûre ?...
Voyons !

                                   (Ils s'embrassent.)

   Le philosophe cynique, passant près d'eux, en souriant.

      Ce sont, je crois, des fruits bien délicats...
On en mange souvent : même entre les repas.

                              (Il s'éloigne. — Un silence.)

      Cynthia, quelque temps après.

Couche-toi sous mes pieds !

            Le poète Celsus.

                  Bon ! pourquoi ?

      Cynthia.

                                   Je t'en prie,
Donne-moi tes cheveux à brouiller ! . Je m'ennuie.

                              (Ils se regardent en riant.)

         Septimus Marcius Casca.

         (Il tient une feuille de papyrus à la main et dessine.)

Qui parlait de Séjan ?

         Sextus Lucius Marcellus, se soulevant

      Moi.

Septimus Marcius Casca.

Je fais son portrait ·

Admirez !

(Il fait passer le dessin.)

Lucilia

Ce bossu ?

Neree.

Vulcain serait moins laid !

Septimus Marcius Casca.

Il va se marier : c'est un cadeau de noce.
Mais, pour un talent d'or, j'atténuerai la bosse.

(Rires du philosophe cynique.)

Fulvie, souriant,

Si ce mot lui parvient, il t'enverra, d'abord,
Son licteur porte-glaive...

Septimus Marcius Casca, elevant sa coupe.

Ah ! que me fait la mort ?
Dieux infernaux, je bois à vous ! — Verse, vestale. —
Tout est néant. —

(Un silence.)

l'echo dans la nuit

— Néant ! —

Le philosophe cynique, à lui-même, tristement.

L'épouvantable râle!...

Sont-ce là des vivants?

(Il les resume d'un regard, et reste pensif.)

Septimus Marcius Casca.

Par Pluton! mon ami,

Si je suis mort demain, je dois boire aujourd'hui!...

Sextus Scipio, l'œil fixé sur les trophées.

Oh! pour maître... un Séjan! — Puissent nos fronts moroses
N'être plus désormais couronnés que de roses!...
— Que font-ils, les aïeux, dans leurs mornes séjours?

Le philosophe cynique.

Ils regardent!...

Septimus Marcius Casca.

Tu crois?

(A l'esclave.)
Alors, verse toujours!

(Eclats de rires.)

Sextus Lucius Marcellus.

Maintenant, je suis mieux.

(Il regarde autour de lui en bâillant.)
— Si j'avais une femme?

— En reste-t-il encore?

Le poète Celsus.

Allons, un corps sans âme
Au seigneur Marcellus !

SCENE TROISIEME.

Les mêmes : rentrent *Sempronia* au bras de *Lyncéus.*

Sempronia, entendant les derniers mots,
a Marcellus.

Chevalier ! me veux-tu ?

Sextus Lucius Marcellus.

Volontiers !

Lynceus, chancelant

Est-ce vrai ?... L'ai-je bien entendu ?...

Sempronia.

Bon ! tu me reprendras quand t'en viendra l'envie !

(Elle s'éloigne avec Sextus Lucius Marcellus)

Lynceus, a voix basse

Grands Dieux ! Est-ce possible ?

(Il porte la main a son poignard)

11

Le poète Celsus, eclatant de rire derrière lui.

Enfant! mais c'est la vie! .

(Il lui présente une coupe. — Lyncéus la refuse du geste, et sort
lentement de la salle.)

Sextus Lucius Marcellus,
montrant du doigt Lynceus à Sempronia.

Est-ce qu'il te déplaît ce jeune homme ?

Sempronia, naturellement.

Lui ? . . Non.

(Elle lui sourit d'un air etonné , ils s'asseoient.)

Depuis quelques instants l'ivresse a fait briller tous les regards. —
Les esclaves ont détaché leurs anneaux d'or et se sont couches sur
les marches de l'autel consacré à Bacchus — Une esclave retourne
le sablier : des torches flamboient derrière les draperies. — Une
musique étrange, composée de cistres, de tambours, de cymbales
et de flûtes de Phrygie, resonne tout à coup ; Metella se leve, bran-
dissant une peau de panthère, exaltee et demi-nue.

Métella.

Chante-nous la chanson de Bacchus, Scipion!

Tous se levent et entourent l'autel. — Le dernier Scipion jette aux
pieds de la statue sa couronne de roses et de feuilles de lotus, et
chante d'une voix vibrante. — Au dehors, nuit et silence.

Sextus Scipio, levant sa coupe

1ᵉʳ COUPLET.

« La mort aiguise sa faulx sombre,
Les Romains s'enivrent dans l'ombre...
La nuit a des parfums sans nombre!
La Nuit a des yeux enchantés.
      — Evohè Bacchè!
Evohe! La soif nous dévore!
Bacchante nue, oh! frappe encore
Le tympanum d'un coup sonore
De tes thyrses ensanglantés!
      — Bacchus! èvohè! »

Tous, à pleine voix

— Evohe Bacchus!

Sextus Scipio.

2ᵉ COUPLET

« Dieu des Satyres et des Faunes;
Dieu des pampres brillants et jaunes.
Toi, qui sais bannir loin des trônes
Le souci des réalités:
      — Evohè Bacchë!

Viens, au cénacle solitaire,
Dieu consolateur de la terre,
Verser ta liqueur salutaire
Aux mystérieuses gaîtés !
         — Bacchus, évohe ! »

                    Tous.

         — Evohé Bacchus !

                Sextus Scipio.

              3ᵉ COUPLET.

« Viens ! Tes prêtresse vagabondes
Désertent les bois des vieux mondes...
Seuls, nous chantons aux nuits profondes,
Las de nos lourdes majestés :
         — Evohé Bacché !
Donne l'oubli, Dieu des Ivresses !
Aux bras de mortelles déesses
Brûle nos fronts de tes caresses
Et nos cœurs de tes voluptés :
         — Bacchus évohé ! »

      Tous, avec des cris de joie terribles.

         — Evohé Bacchus !

Ici, scènes diverses de la débauche, dans ce qu'elle a de formidable
             et d'antique.

V.

STANCES

—

I

Chantez! chantez, Romains étincelants et pâles!
Roulez vos corps flétris au fond des saturnales!
C'est la loi! Jouissez, ô préférés du sort!
Celui qui rit ce soir, demain frissonne et pleure!
Attila, moissonneur sinistre, attend son heure,
Quand les épis dorés que le vent d'ouest effleure
      Seront mûrs pour le vent du Nord!

II.

Sus! aux armes, Gaulois! ô Sicambres esclaves!
Les peuples réveillés vont briser leurs entraves...
Le monde est un volcan dont vous êtes les laves!..
Marchez! Rome est peut-être encore un souvenir.
Que sur vos boucliers le glaive frappe et gronde,
Glas du passé, sonnant la ruine du monde!..
      Fléaux, vous êtes l'avenir!

III.

Ils sont devenus vieux, leurs aigles inutiles !
Ils vont se déchirer dans leurs guerres civiles...
Que pourront-ils répondre aux chants victorieux ?
— Ah ! les enfants-vieillards qui dévorent en fêtes,
Pour quelques jours heureux, des siècles de conquêtes,
Doivent trouver bien lourds à présent, pour leurs têtes,
    Les casques rouillés des aïeux.

IV.

Qu'ont-ils de leurs aïeux et de leurs fiers courages ?
Leur soif de sang : voilà leurs lâches héritages !...
Et bientôt viendra l'heure où les lions sauvages
Attendront accroupis, le feu dans les regards,
Ces grands porte-drapeaux de l'Eglise sereine,
Les martyrs qu'ils viendront déchirer dans l'arène
    Pour désennuyer les Césars !

VI.

LA CLAIRIERE DU BOIS SACRE.

SCENE QUATRIEME

Lynceus seul. Il vient s'asseoir pres du fleuve. — Le rossignol chante
sous les feuilles. — Apres quelques instants de reflexions et de luttes,
le jeune homme ôte sa tunique. Ses grands cheveux blonds tombent sur ses epaules. Il se parle a demi-voix

Je ne vous verrai plus, ô campagnes romaines. .
Les pâtres que j'aimais m'oublieront dans vos plaines
Et toi seule, ô Diane, astre cher aux défunts,
Sauras que je suis mort dans les vagues lointaines,
Par une nuit d'amour, de fleurs et de parfums !

Il se jette dans le fleuve — Soudain la voix de Sempronia s'eleve aux accords d'un luth. Elle redit l'air de la chanson des pêcheurs a Venus
— Le fleuve roule ses vagues vertes et le rossignol reprend son air
interrompu.

Sempronia, dans la villa.

.   .   .   .

O Vénus, fleur du soir !.. Sur les algues légères
Viens poser les rayons de tes molles lumières
          Du haut des cieux !

VII

Où donc était la Madeleine ?
La blanche fille de Vénus
A la voluptueuse haleine ?
Pourquoi ne venait-elle plus ?
Ils auraient voulu voir encore
Frémir, sous leur baiser sonore,
L'albâtre de son corps charmant.
Mais, sans doute, dans sa demeure,
Elle s'endormait, à cette heure,
Entre les bras de son amant.

FIN DU CHANT DEUXIEME.

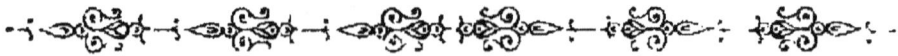

SANCTA MAGDALENA.

« Vide, Domine, afflictionem populi tui, et mitte quem
missurus es — Emitte Agnum dominatorem terræ de
petrâ deserti, ad montem filiæ Sion, ut auferat, ipse,
jugum captivitatis nostræ ! »

(Psaumes)

I

’ÉTAIT le Golgotha ! Le vent, comme une plainte,
S’engouffrait. Le Calvaire était baigné de sang...
Sombres terreurs, hélas ! Au bas de la Croix sainte
Quelque chose comme un cadavre était gisant.
C’était une ombre humaine, immobile, étendue,
Une forme de femme : et, comme une statue,

Elle se tenait là silencieusement.
Les ensevelisseurs devaient venir, pourtant!. .
Jérusalem dormait de ténèbres couverte;
L'herbe étendait, au loin, sa lividité verte.
La couronne d'épine, ainsi que des rayons,
Sur la tête du Christ, aux pâleurs sépulcrales,
Brillait. Parfois, aux cieux déchirés en sillons,
De sourds coups de tonnerre allaient comme des râles.
Les blancs éclairs fuyaient comme des visions.

II.

CHŒUR DES ESPRITS DÉFINIS

« O toi que le plaisir appelle,
O jeune femme aux blonds cheveux,
Puisque la nuit te rend si belle,
Puisque l'amour est dans tes yeux,
Que fais-tu près de ces esclaves?
Les pleurs font des stigmates graves!
Tu vas faner tes traits suaves...
Et le temps de vivre est compté
Ecoute au loin leurs chants d'ivresse..
Que fais-tu, belle enchanteresse?
Lucius demande sa maîtresse;
L'amour demande la beauté!

Souviens-toi, souviens-toi des fleurs de tes années.
Des parfums dévorants de ton lit de plaisir,
    De tes ceintures dénouées
Tombant sur le cothurne aux formes modelées
    Sitôt l'approche du désir ! »

III.

L'ouragan hurle, morne,
La lune, de sa corne,
Comme d'un fleuron s'orne,
Diadème vermeil.
Les hordes infernales
Des sibylles spectrales
Sortent de leur sommeil,
Et, heurtant leurs cymbales,
Dansent aux lueurs pâles
De la sœur du soleil.

CHŒUR DES SIBYLLES

« Gloire, amour, espoir, foi, jeunesse,
Religions, crimes, remord. .
Sœur, tout s'en va dans la vieillesse
    Et dans la mort

Sur mon grand bâton monte en croupe !
C'est un beau Dieu que ton amant !...
Le ver de terre en rit et soupe
                    Tranquillement. »

La terre vacillait sous leur valse effrénée.
Un gouffre, à chaque pas, sous leurs pieds se creusait.
Les fantômes bientôt disparurent... — Fumée !
— La Croix seule resta. — Toute cette nuée
                    C'était le Doute qui passait.

IV.

Ainsi, depuis ce temps que la ruine encombre,
Ni l'humiliation terrible du manteau
Rouge, ni, dans la nuit, leurs sourires sans nombre,
Ni les tâtonnements douloureux du marteau,
Ni le champ du potier, cet infamant tombeau,
Ni le sceptre d'opprobre entre tes mains liées,
Pas même, devant toi, le doigt noir des huées,
Rien, pourtant, rien n'a pu, sur l'arbre où te voilà,
Déraciner ta foi qui survit aux années,
                    Crucifié du Golgotha !

Oui, le supplice impur ; les appareils funèbres
De l'esclave : un gibet dressé dans les ténèbres,
L'humble gloire d'un Dieu resplendit à l'entour.
Aucun rayon ne manque à sa mort souveraine.
Croix, pas même tes clous, juif, pas même ta haine,
                    Femme, pas même ton amour !

V.

— Redempteur! nous aussi nous avons nos Calvaires!
Et, sans les oublier, ton ciel ne se peut pas.
— Et nos amours pleurés ou trahis ici-bas!
Et notre orgueil flétri d'humilités amères!
Hélas! Emmanuèl! mais ces souvenirs seuls
Suffiraient pour troubler l'azur des hautes sphères...
Et nous avons laissé, tous, la foi de nos pères
      Au fond des plis de leurs linceuls!
Oh! nous avons pourtant, lorsque de leurs mains lourdes
La Joie ou les Chagrins allanguissaient nos jours,
Crié : « Seigneur! Seigneur! » à ces étoiles sourdes
Qui répondent. « Peut-être! » et qui brillent toujours!
Souvent, jeunes encor, dans les nuit de délire,
Espérant de l'Amour quelque chose de saint,
Nous avons cherché Dieu jusque dans son sourire...
      Mais le sourire s'est éteint.
Souvent, agenouillés devant les derniers restes
De ceux dont nous aimions le regard et la voix,
Oui, nous avons cherché des visions célestes
De ce Dieu qu'on espère et qu'on craint à la fois!...
Rien! — Souvent, orgueilleux, joignant nos mains brûlantes
Devant l'immensité des mers étincelantes,
Quand l'aurore entr'ouvrait son mirage immortel
Dans ses champs de lumière ombragés de nuages,
Nous avons dit : « Seigneur, sont-ce là tes ouvrages? »
      Mais, tout est resté calme dans le ciel;

Nulle voix n'a parlé. Lorque dans les tempêtes,
Ou dans les jours heureux, nous inclinons nos têtes
En disant : « Créateur des lumières muettes
Où donc es-tu, Seigneur, qui te caches ainsi ? »
Ni les mers, ni les fleurs, ni l'aurore profonde,
Ni l'astre dans les cieux, ni la vierge en ce monde,
Ni la croix des tombeaux, rien ne répond : « Ici ! »

L'homme a pris son parti, du reste : il rit et mange,
Il chante, il tue, il boit. Quant à Dieu, qu'il s'arrange !
Où donc est la raison de cet état ! — L'ennui ! —
L'ennui, manteau de plomb qui l'accable aujourd'hui !
Il a résumé tout dans ce mot : Phénomène !
Triste mot grommelé par l'ignorance humaine
Sous le haillon science. Ah ! l'arbre défendu
A bien donné le suc de son vieux fruit tordu !
Les vivants ont tari la coupe des ivresses :
Aux dégoûts du réveil succèdent les tristesses.
La malédiction des précoces vieillesses
Courbe les jeunes gens sur leurs reins desséchés.
O vieux monde ! dans l'ombre où tes preux sont couchés,
Ces augustes grandeurs qui relevaient tes crimes,
Ces vertus, cet honneur aux puissantes maximes,
Mots incrustés au cœur de tes siècles sublimes,
Le temps, ce fossoyeur, comme eux les a fauchés.

O martyrs ! qui de nous croit à votre souffrance ?
N'étiez vous pas joyeux au milieu des tourments ?
Il était près de vous l'ange de l'espérance !
Il souriait d'amour à vos derniers moments !

Vous sentiez sur vos fronts frémir ses blanches ailes
Et ses divins baisers étouffaient vos sanglots,
Et la mort, en glaçant vos cœurs purs et fidèles,
Changeait en doux concerts les cris de vos bourreaux
Elle était là guettant votre vie inclinée
Aux souffles des douleurs, comme une fleur fanée,
Pour l'emporter, sereine et triomphante, à Dieu.
Votre âme était élue avant que d'être née...
Vous n'avez vu du ciel que ce qu'il a de bleu !
On voudrait, avec vous, changer de destinée :
Et, prêtres inspirés et sanglants, aussi nous,
Expirer comme vous, en croyant comme vous !

VI.

Tu sais ce que tu fais, ô femme, toi qui pleures !
Ta pensée était haute en tes larges demeures,
Jadis ! — les vieillards même estimaient ton esprit.
Tu sais tout ce que l'aube enfante de délires,
Et tout ce que le jour éclaire de sourires.
   O toi qui pleures dans la nuit !

N'avais-tu pas vécu riche, belle, énivrée,
Oiseau libre, effleurant à peine une contrée,
Ployant à tes genoux les têtes des tribuns,
Jusqu'au jour où toi-même, insoucieuse et fière,
Répandis sur ses pieds l'amour et la prière
   Avec l'encens de tes parfums ?

C'est donc à toi qu'il faut demander si la joie
Se cache dans l'amour! L'ardent amour qui ploie
Sous les jeunes baisers des poitrines en feu;
Ou dans les coupes d'or, de roses couronnées,
Que l'on boit en chantant au matin des années,
    A l'âge où tout parle de Dieu.

A l'âge où l'on s'en va voguer dans les nacelles
Sur les fleuves du Sud!... où, là-bas, sur ses ailes,
Le vent tiède d'Asie envoie aux bananiers
Le senteurs de la plage, adieux des fleurs chéries,
Le doux bruissement des flots, les rêveries,
    Et la chanson des nautonniers!

Ou si le vrai bonheur se cache dans les larmes,
Près des croix du désert aux nocturnes alarmes,
Sous la dent du cilice aimant un corps flétri,
Si la Foi peut jaillir de la douleur qui nie,
Comme, au voyageur las, une source bénie
    Sort du rocher qui l'a meurtri;

Cherches-tu le pardon, l'espoir et le courage
Dans le céleste sang qui baigne ton visage?
Et l'amour surhumain que ton cœur a souffert,
Te fait-il mépriser les amours de la vie?
Et faut-il dédaigner tout ce qui nous convie,
    Pour aller mourir au Désert?

Non : mais c'est qu'au moment de quitter la nature
Où sa mère gisait sans regard, sans murmure,
Te voyant là parmi ces bourreaux pleins d'effroi,
Peut-être qu'il t'a dit une parole, à cause
De ton amour divin! un secret,... quelque chose,...
      Un dernier mot de plus, à toi.

Car depuis on t'a vue, ô blanche enthousiaste,
Sous des arbres affreux que l'automne dévaste,
Ivre de ciel, couchée et le corps demi-nu,
Sur les feuillets sacrés, seule, épelant dans l'ombre,
Avec ton doigt rêveur, quelque interligne sombre
      Et que personne n'a connu!. .

VII.

Et maintenant, adieu! silencieux vestiges
Qui gardez dans la poudre une austère beauté!
Adieu donc, ancien monde où tant de grands prodiges
Ont signalé la fin de ta grande cité!
— Ah! tu les immolais, ces chrétiens, dans tes fêtes!
Les paroles de feu de tes sombres prophètes,
Dans les temps effacés, te l'avaient bien prédit!
Un même coup de hache, en abattant leurs têtes,
A fait rouler tes Dieux dans l'éternelle nuit!
Leurs fantômes charmants n'animent plus tes marbres! ..
O céleste Apollon! ô Bacchus, dieu des rois!
Et toi, fils de Vénus, qui, fouillant ton carquois,
De tes traits, poursuivais à travers les grands bois

Ces nymphes qui couraient, pieds mouillés, sous les arbres!
Allons! c'est bien fini. Les fleurs de vos autels
Couronnent vos tombeaux, ô jeunes immortels!

Mais si nous restons seuls, vieux monde, sur la terre,
Pour traîner dans l'oubli nos pas deshérités,
Si nous et notre siècle, enfants d'un noir mystère,
Sur les os de tes morts marchons dans ta poussière,
Dans nos profondes nuits si nos cieux irrités
Ne sont plus qu'un linceul de tes divinités,
Si nous n'aimons plus rien, pas même nos jeunesses,
Si nos cœurs sont remplis d'inutiles tristesses,
S'il ne nous reste rien ni des Dieux ni des rois,
Comme un dernier flambeau gardons au moins la Croix!

FIN DU CHANT DU CALVAIRE.

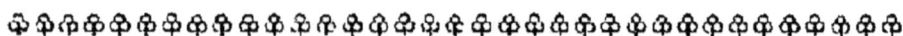

TABLE.

LES PRELUDES.

CHANT DU CALVAIRE

Droits

de traduction et de reproduction

reservés.

IN ERAT
PRIN VER
CIPIO BVM

L P

www.ingramcontent.com/pod-product-compliance
Lightning Source LLC
Chambersburg PA
CBHW072045080426
42733CB00010B/1998